新课程·教学

丛书主编　杨九俊

教学组织的设计与实施

董洪亮　主编

教育科学出版社
·北京·

出 版 人　郑豪杰
责任编辑　万海刚
版式设计　刘　健　沈晓萌
责任校对　贾静芳
责任印制　叶小峰

图书在版编目（CIP）数据

教学组织的设计与实施 / 董洪亮主编 . –– 北京：
教育科学出版社 , 2025. 1. ––（新课程·教学问题与解
决丛书）. –– ISBN 978–7–5191–4237–7

　Ⅰ . G642.42

中国国家版本馆 CIP 数据核字第 2024LU4730 号

新课程·教学问题与解决丛书

教学组织的设计与实施
JIAOXUE ZUZHI DE SHEJI YU SHISHI

出 版 发 行	教育科学出版社			
社　　　址	北京·朝阳区安慧北里安园甲 9 号	邮　　编	100101	
总编室电话	010–64981290	编辑部电话	010–64989179	
出版部电话	010–64989487	市场部电话	010–64989009	
传　　真	010–64891796	网　　址	http://www.esph.com.cn	
经　　销	各地新华书店			
制　　作	北京辰轩文化传媒有限公司			
印　　刷	北京华创印务有限公司			
开　　本	720 毫米 × 1020 毫米　1/16	版　　次	2025 年 1 月第 1 版	
印　　张	17.25	印　　次	2025 年 1 月第 1 次印刷	
字　　数	290 千	定　　价	58.00 元	

图书出现印装质量问题，本社负责调换。

领悟创新意蕴　生成蓬勃气象

杨九俊

2022 年版义务教育课程方案和课程标准已于 2022 年 4 月正式颁布。准确领悟新一轮课程改革的创新意蕴，切实贯彻新课改的基本精神，对于推进义务教育立德树人根本任务的落实、全面提高教育教学质量十分必要。

一、从高远站位看立意

新课改立意新，新在站得高、看得远。

1. 唱响高质量发展主旋律

习近平总书记在党的十九大报告中指出："我国经济已由高速增长阶段转向高质量发展阶段，正处在转变发展方式、优化经济结构、转换增长动力的攻关期。"作为现代化的后发型国家，我国正在经历从量到质发展方式的转变，进入高质量发展阶段。高质量发展是以经济发展为龙头的社会综合体系的全方位发展。唯此，才能不断满足十四亿中国人民对美好生活的向往和需求，才能在中华民族伟大复兴征程中不断迈出坚实步伐。高质量发展，创新是第一动力，人才是第一资源，教育不仅自身要高质量，要满足人民群众"上好学"的需求，还要为经济社会发展提供人力资源和人才保障。要把我国建成《中国教育现代化 2035》提出的"学习大国、人力资源强国和人才强国"，必须全面深化教育改革。所以，从深层次上看，教育改革必须呼应高质量发展主旋律。新一轮课程改革在高质量发展主题的落实上，必须与之保

I

持目的和方向上的高度一致。

2. 关注百年未有之大变局

"百年未有之大变局"是中国共产党对新时期世界发展形势的重要研判。从当前情况看，最突出的有两点：一是科技上的，信息化浪潮一浪高过一浪，互联网、人工智能、元宇宙纷至沓来，改变着人们的生活方式、生产方式、生存方式、思维方式，这些都在形塑也在呼唤新人；二是国际关系上的，某些先发型国家，正在或可能撤下他们攀登的"梯子"，这将大大增加后发型国家追赶的难度。受国际环境深刻复杂变化的形势所迫，事关中国长远发展的一批"卡脖子"问题亟须攻关，中国科技必须自立自强。面临大变局，我们一方面要坚持对外开放，推动构建人类命运共同体；另一方面要以改革为动力。在教育上，就是要不断思考和回答"培养什么人、怎样培养人、为谁培养人"的根本问题。课程改革在一定意义上就是对这一问题的一种深层次应答。

3. 遵循并探索教育发展的客观规律

每一次教育改革，一方面是因为科技、社会发展带来的深刻变化，另一方面是因为人的培养还有许多需要改进和优化的地方。本轮课程改革亦是如此，从修订的指导思想、原则和已经带来的变化可以看出核心团队抵达教育本质，探索、遵循教育规律的不凡努力。比如，完善培养目标、优化课程设置、聚焦核心素养、变革学习方式、倡导综合学习、加强学段衔接等，都是以探索、遵循教育的内在规律为深层底色的。

二、从目标体系看"新人"

新方案、新课标的研制有着鲜明的目标导向，而且构成了完整的目标体系。

1. 以"有理想、有本领、有担当"为培养目标

党的十八大报告将立德树人明确为我国教育发展的根本任务。2014年，

教育部印发的《关于全面深化课程改革落实立德树人根本任务的意见》明确指出：立德树人是发展中国特色社会主义教育事业的核心所在。2018 年，习近平总书记在全国教育大会上再次强调：要把立德树人融入思想道德教育、文化知识教育、社会实践教育各环节。本轮课程改革，根据习近平总书记对培养时代新人的要求，为立德树人之"人"画像。《义务教育课程方案（2022 年版）》指出："义务教育要在坚定理想信念、厚植爱国主义情怀、加强品德修养、增长知识见识、培养奋斗精神、增强综合素质上下功夫，使学生有理想、有本领、有担当，培养德智体美劳全面发展的社会主义建设者和接班人。"这样的目标定位体现了德育为首，首先有德，德为统率；提出了全面发展，"三有"是德才兼备的整体，德智体美劳是五育并举的全面；包含了未来向度，以理想信念为动力，以全面推进可持续发展。

2. 以核心素养为课程目标

立德树人是根本任务，"有理想、有本领、有担当"是培养目标。具体到每一门课程，2022 年版课标将课程特质与根本任务、培养目标融通，提出通过该课程要培育的核心素养。从三维目标到核心素养，体现了对课程、学科本质的新认识，生成了提高教育质量的新路径。

核心素养是学生通过课程学习逐步形成的正确价值观、必备品格和关键能力。要理解核心素养的三要素，可以通过"做事"这个视角。一方面，核心素养是在真实复杂情境中通过问题解决和创新表现出来的，或者说是通过"做事"让其可见。价值观指做对的事，关键能力指能做事，品格指能把对的事做好。具体到某一课程，则要体现课程性质，反映课程理念。本次课改在 2017 年版普通高中课程标准提出学科核心素养的基础上，提炼了各门课程要培育的核心素养，这就使培养目标的落地有了着力点。在具体表述时，一般采用要素列举、维度展现或者二者兼顾的方法。

对核心素养的理解和把握，一要关注根基性。核心素养是向下扎根、向上生长的，是"带得走"的东西。它是教育中化为学生身体、生命的那一部分，而不是考试后就"还"给老师、"还"给课本的那些靠死记硬背和反复操练掌握的知识技能。二要关注表现性。对核心素养要按照冰山现象去理解，要考查学生的核心素养发展到什么水平，应通过观察其"可见"的"表现"来判断。所以，"做事"是培育核心素养的基本载体。比如，数学课程要培育的核心素养是会用数学的眼光观察现实世界、会用数学的思维思考现实世界、会用数学的语言表达现实世界，是要通过"做中学"来表现出"会"与"不会"。三要关注整体性。核心素养的要素、维度都是相互关联的，它们是一个整体。例如，对地理课程要培育的四个方面的核心素养，《义务教育地理课程标准（2022年版）》用图示的方法呈现了它们的关系："人地协调观"居于中心，是正确价值观；"综合思维""区域认知"和"地理实践力"是围绕中心的三个板块，"综合思维""区域认知"是思维方式和能力，"地理实践力"是行动力和意志品质。这样的图示就画出了一个地理的"人"。再如，"感时花溅泪，恨别鸟惊心"，这里有拟人、对仗，关乎语言；把主观情感借助客观物象生动表现出来，建构审美意象，关乎审美；从主观到客观，从抽象到形象，从散落到齐整，关乎思维；而"溅泪""惊心"，则让人们想到那个腥风血雨的时代，关乎文化。语文课程要培育的四个方面的核心素养可以在对这个千古名句的赏析、领悟中得到综合体现。所以，核心素养的培育不能用简单对应的方法，而是要把握其内在的整体性。

3. 以阶段性特征描述学段目标

各门课程的课程标准都阐说了核心素养的内涵，当明确课程总目标后，分学段描述具体目标的依据就是核心素养的学段特征，如《义务教育数学课程标准（2022年版）》明确指出"小学阶段侧重对经验的感悟，初中阶段侧重对概念的理解"，随后分别列出相关概念形成学段要求的横向结构，以四个学段的层级性形成学段要求的纵向结构。当然，在不同的课程标准中，有些表述体现了课程个性，如理科课程大致以概念、领域为牵引，语文、英语等课程则以学习实践活动为载体。把握学段目标，一方面要关注概念、要素、领域、活动方式之间的关联性，另一方面要关注不同学段的递进性，尤其要注意某些素养表现的再次出现，一定是在螺旋式上升的轨道上的升阶，要从整个素养目标体系的角度进行认识和把握。

三、从结构化看课程内容

结构化是新课标课程内容呈现的显著特色。

1. 构建课程的知识体系

大多数课程标准在"课程内容"部分都通过图示描绘了课程或学科的知识体系，让人一目了然，建构的线索则是学科知识的内在逻辑。比如，《义务教育地理课程标准（2022年版）》搭建了基于地理空间尺度的主题式内容结构，《义务教育历史课程标准（2022年版）》则按照通史叙事结构描述了内容体系。有的虽然没有图示，但可以想见。如《义务教育语文课程标准（2022年版）》将六个学习任务群分为三个层面：第一层设"语言文字积累与梳理"一个基础型学习任务群；第二层设"实用性阅读与交流""文学阅读与创意表达""思辨性阅读与表达"三个发展型学习任务群；第三层设"整本书阅读""跨学科学习"两个拓展型学习任务群。这样，基础型、发展型、拓展型三个层次的学习任务群就搭建起语文课程的"建筑"。在一定意义上，大概念、大观念、大主题等都是从这座"建筑"中生长出来的，是这座建筑的梁和柱。

2. 把学习内容嵌入学习任务之中

《义务教育语文课程标准（2022年版）》沿用《普通高中语文课程标准（2017年版）》中的做法，主要以学习任务群的方式组织与呈现课程内容，指出："语文学习任务群由相互关联的系列学习任务组成，共同指向学生的核心素养发展，具有情境性、实践性、综合性。"多个课标组借鉴开发学习任务群的思路，如劳动等课程在建构课程内容时，直接使用"任务群"概念，以十个劳动任务群建构劳动课程的内容结构。而大部分学科的课程标准都明确以主题来组织课程内容，分别从"内容要求""学业要求""教学提示"三个方面阐述，"内容要求"指向学什么，"学业要求"指向学得怎样，"教学提示"指向怎样学，具有鲜明的过程性结构的特征。

为什么要采取这种方法，把学习内容嵌入学习任务呢？崔允漷教授在介绍新课改突破点时，提到了学习经验的结构化，这有助于从学理上解释这个问题。郭华教授在《让核心素养真正落地》一文中很有见地地指出："课程内容结构化，既强调学科知识结构，还强调在这样的结构中所隐含的学生的活动及活动方式的结构化，为课程内容的活化、动态化，教学活动的综合性、实践性提供内容基础。"语文、劳动等课程以任务群为标志的课程内容的组织，更是彰显了学生的学习活动和活动方式的结构化，呈现了以学习经验为主轴的创新的课程内容。

四、从学科实践看学习方式

新课改明确提出要强化学科实践。学科实践是学习方式变革走出"中看未必中用"窘境的创新路径。

1. 遵循教学基本规律

学科实践是共性与个性的统一，共性是共同规律，个性指学科特质。学科实践首先关乎学习，自当在学习的"共同语言"基础上"寻找自己的句子"。教学规律有很多，核心素养引领的教学要特别关注以下四点：第一，认知与情感相统一。学习心理学表明，认知与情感是具有匹配性的，是相互作用、相互影响的。李吉林老师的情境教育之所以了不起，就在于情境教育解决了认知与情感相统一这一教学的基本问题，促进学生高认知与高情感协同发展。第二，让挑战性学习贯穿始终。完成挑战性任务，是深度学习的重要标志。学习情境中的挑战性主要指对学生思维上的挑战，在课改启动的时候，我们就提出一堂课好不好关键看学生有效思维的时间长度。在讨论愉快教育时，我们也主张学习中最大的愉快是享受酣畅淋漓的思维的快乐。近几年倡导的深度学习，是生成核心素养的重要途径，而思维升阶无疑是深度学习的重要维度。第三，合作学习与独立学习相结合。高质量的课堂是合作学习与独立学习相辅相成的结果。要倡导合作，但合作要以有质量的独立学习为前提，要切实保证所有学生在学习、真学习。第四，关注互联网时代学习生活的变化，探索信息技术与学习规律的内在契合点，引导学生掌握新的学习工具。

2. 像专家那样学习

像专家那样学习，意味着要以真实生活为基本情境，在任务的驱动下，用学科典型的学习方式去探究问题、完成任务。本次课标修订在这方面有所强化，有的课标直接点明了主导的学习方式，如科学课标提出以探究实践为主要方式，劳动课标强调推进"做中学""学中做"，语文课标提出以"识字与写字""阅读与鉴赏""表达与交流""梳理与探究"为学科实践活动方式，等等。我曾就"怎样做好彰显学科特质的学科实践"和一些优秀教师进行过讨论。语文教师提出要引导学生积极地运用语言，把枯燥的文字符号变成生动形象的画面，在思维升阶的过程中实现情感的深化、升华；数学教师提出要引导学生建构"直观—抽象—符号变换—应用"的思维过程，在探索、体验中培育核心素养；英语教师提出要以大主题情境为载体，以语篇为依托，组织从理解到表达的不同层次的活动，力求语言能力、思维品质、文化意识同步提升，等等。当然，这些意见难免带有个性化色彩，许多更本质的意蕴还有待我们在实践探索中不断体悟、凝练。

五、从学业质量标准看评价

本次课改的一个重要变化，就是研制了学业质量标准。理解、运用好学业质量标准，一是要有体系性视角，从整个课程体系来把握。《义务教育课程方案（2022 年版）》指出："各课程标准根据核心素养发展水平，结合课程内容，整体刻画不同学段学生学业成就的具体表现特征。"这在整个课程体系中是一以贯之的，而不是一个孤立的板块。二是要把握表现性特征。学业质量是在行为中显现的，往往与"做事"的情境相联系，比如语文，就是按照日常生活、文学体验、跨学科学习三类语言运用情境，整合语文实践活动来描述的，所以要多运用表现性评价的方法来测量、描绘。三是要关注过程性评价。传统评价关注终结性评价，这当然还要重视，特别是要以学业质量标准为依据强调素养立意的命题。同时，还要着力改进过程性评价，广泛收集课堂关键表现、典型作业和阶段性测试等数据，推进基于数据和证据的教与学改进，从而有力地以评价促进教与学水平的提升。

六、从系统优化看保障

新一轮课改还在组织推进、教材编写、资源开发、专业支持等方面提出一系列措施，在设计层面实现了课改系统的优化。其中，较为瞩目的是将"教学研究与教师培训"专节列出。做好这方面的优化，要做到以下几点：第一，认真总结、推广先进经验。多年来，特别是第八次基础教育课程改革以后，教师不断深化对教育本质的认识，积累了许多行之有效的经验，新课改是在这些成绩基础上的再出发。认真梳理原创经验，并加以总结、提炼、推广，一定是一件事半功倍的大好事。第二，坚持以改进专业实践为研训的主线。研训是为了改进专业实践，其过程就是问题解决与创新的过程，也就是专业素养提升的过程。第三，让专业支持惠及每一所学校、每一位教师。高质量应是所有地区、所有学校、所有班级、所有学生的，高质量发展的专业支持一定要"全体都有"，要做好规划、创造条件、形成制度，特别要做好雪中送炭的工作，保证新课改的鲜花开遍、飘香于所有义务教育阶段的校园。

以上是我学习的初步体会。我作为一名具有语文课程背景的教育工作者，已在《中国教育报》《中国教师报》发表学习语文新课标的心得。对课改新精神的学习和领悟，是我们策划编写这套书的深层动因。深化课程改革，推进教育质量的提高，主阵地在课堂，关键在教师，我们应该给教师切实支持。这自然要提到这套书的"前世"。2002年初冬，我在一次会议上遇到了现任《中国教育报》常务副总编张圣华先生。他以高度的责任心和专业敏感，建议我组织专业力量为一线教师做点事。我们一起策划了"新课程·教学问题与解决丛书"，邀请了兼有课改实践者、研究者的一批同人参与撰写。

2017年，新一轮高中课改启动时，我们就筹划在义务教育新课改启动后，激活这套丛书。于是组织了修订工作，有的完全重新构思，有的大部分重写，力求与课改新精神合辙押韵、同频共振，切实促进课改中教学问题的解决与教学创新。在此，也向参与这套丛书撰写的各位同人致以感谢！当然，我们的工作还是初步的，进一步的完善还有待广大读者的共同参与。

第八次课程改革启动时，我在主持一次会议时曾描述过自己的期望：深化课程改革，是为了走向一个黄金时代，只要以大情怀全身心投入，贯彻落实课改精神，就意味着我们步入黄金时代！今天，我仍然如此期盼。在新方案、新课标颁布后，只要我们一如既往，坚定信念，扎实推进，全面贯彻课改精神，一定能生成义务教育的蓬勃气象，一定就是在创造一个黄金时代！

目录

　　从实践视角出发，课程改革的推进实质上是对教学过程的重塑，而教学过程的革新则直观表现为教学组织形式的多元化。为深入理解教学组织形式变革对于课程改革的意义，我们需要对教学组织形成系统的认知，揭示教学组织形式变革在践行新课程理念中的价值，厘清推动教学组织变革的前提条件和基础支撑。

第一节
教学组织概述

与教学内容相同，教学组织形式也具有非常重要的意义。选择何种教学组织形式，本质上是基于对教学目标和价值的考量，以及对特定教学内容的解读与处理。这意味着教学改革必然伴随着教学组织的变革。

一　教学组织的含义

开展教学活动，必然涉及对教学进行合理有效的组织。不同的组织形式会带来教学效果的巨大差异，故"教学组织"常被视为"教学组织形式"的同义表述。教学组织形式的核心在于探究和关注组织教学活动的各种不同形式。

教学的核心要素主要是内容与形式。因此，教学组织是教学研究与教学改革的一个非常宽泛又重要的维度。可以说，除了内容以外的所有教学相关问题都是教学组织问题，至少是与教学组织相关的问题。明确了这一点，我们就不难理解，为什么教学组织这一概念在学术领域和实践领域都呈现出丰富多样的使用场景，也不难理解为什么教学组织这一概念一直没有形成统一的定义。

在教学改进过程中，我们可能从教学方法、教学模式、教学技术与媒介、教学环境等多个角度进行研究。无论从哪个角度切入，教学的组织形式问题始终是无法规避的。这就决定了教学组织相对于上述各研究角度而言，是一个更加上位的概念。这解释了为何针对教学组织（形式）的研究会频繁涉及这些相关概念。

二 教学组织的形式

教学形式本质上是教学活动的结构布局或组合方式。因此，可将教学组织简单地理解为对教学活动各要素的配置、整合或连接。不同的配置、整合或连接方式，将形成不同的教学组织。因此，考察教学组织的多样化形态，就可以从分析教学活动的组成要素入手。反过来说，只要我们在教学的某一要素上做出调整，就能实现教学的改变，尝试不同的教学组织形式。

即使不对"教学"给出严格定义，我们也可直观地认识到，教学本质上是一项群体活动。从参与教学活动的人员角度考察，我们马上会发现：参与者数量、类别、角色分工等任何一项发生变化，都将使教学呈现出不同的形式。以下前八种常见的教学组织形式即以此为分类依据。此外，教学媒介和学生学习内容的差异，也会对教学组织形式产生直接影响，这是探讨后两种教学组织形式时特别需要关注的内容。教学组织形式纷繁复杂，本书从第二讲开始，聚焦于当前备受瞩目的几种形式进行研究和说明。

（一）个别化教学：关注个性，挑战与机遇并存

早期的学校教育主要面向少数特权阶层子女，规模较小，学生人数有限，往往采取类似师傅带徒弟的模式进行教学，即个别化教学的组织形式。其典型特征是教育者（教师或其他社会成员）与受教育者（学生或其他社会成员）之间建立一对一的教学互动关系，能充分关注个体差异和特性，但社会成本和资源成本较高。

尽管个别化教学只是历史上的主流，但我们不应将其简单归为过时之物。即使在规模较大的集体教学环境中，个别化教学仍不可或缺。优秀的教师始终高度重视对学生进行灵活的个别辅导。此外，随着课后服务的普遍推进，在课后服务时间进行个别辅导是行之有效的教学形式。现代信息技术的广泛应用也有利于实现教师对学生的个别辅导。许多地方和学校采用网络答疑等方式，实际上就是实现了教学关系的个别化。因此，个别化教学不仅是古老的教育形态，更是当今乃至未来教学的重要组成部分，其价值值得持续

探讨与研究。

（二）班级教学：应对规模化教学挑战

随着西方工业化进程的推进，社会对教育的需求显著增加，大量儿童需要接受教育，以发展成为具备必要素养的社会成员。教育规模迅速扩大，当一所学校的学生人数达到数十乃至数百人时，已无法继续采用个别化教学。

一大群学生进入学校，他们的年龄和经验存在很大的差异，如何有效地展开教学？班级教学的组织形式应运而生，通过按年龄分级、按人数编班，有效解决了这一问题。17世纪捷克教育家夸美纽斯是最早对班级教学进行详尽研究与规范的学者，他认为采用班级授课能够最大限度地提高教学效率，实现"把一切知识教给一切人"的目标。自此，班级授课制成为学校组织教学的基本形式，甚至一度成为唯一的教学组织形式。班级教学的基本特征延续至今：将年龄相近的学生编为一个班级；教师按科目分工，各自负责某一学科的教学；从上学到放学，教学时间固定，每节课时长相同，而不考虑学科内容的具体特点。

班级教学作为现代教育体系的基础形式，因其能够高效地服务于大规模学生群体而被广泛采纳。一位教师同时教导几十名学生，极大地提升了教育资源的利用率。然而，这种模式的局限性也相当明显：学生作为独一无二的个体，其学习风格、能力水平、兴趣偏好等各不相同，却如同标准化产品般被进行"批量加工"。教师按照固定学科分工，遵循统一的教学进度和时间安排，往往难以充分关注每名学生的个性化需求，导致实际教学过程中诸多问题被掩盖。

事实上，自班级教学成为主导以来，学校教育一直在尝试对这一基本教学形式进行优化，旨在克服其内在局限，实现更为公平、有效的教学。

（三）分组教学：尊重差异，满足不同需求

分组教学作为一种针对性的改良策略，对固化的班级教学进行有益的改造。分组教学主要有两种形态。

1. 基于能力差异的分组教学（又称"分层教学"）

在传统的班级中，几十名学生的学习能力和水平层次各不相同，教师很难都照顾到。分层教学应运而生。学生按照学习程度被划分为若干小组，每个小组获得与其水平相符的学习任务、方法和进度。此举旨在让学习表现和学习能力相近的学生形成小组，一定程度上照顾了学生的差异性，能更好地满足他们的学习需求。

然而，分层教学会使教学设计变得更为复杂，这对教师提出了更高的要求，需要教师具备深厚的教育智慧和灵活的教学策略。必要时，还需要对教师在分层教学的设计和实施方面进行针对性培训。同时，分层教学还面临着伦理挑战，即如何确保在实施过程中避免对学生的歧视性对待，真正做到公平公正，促进每一名学生全面发展。理想的分层教学应立足于技术层面的精准施教，而非基于伦理判断的优劣区分。

2. 重新编班的分组教学

一是按能力重新编班：根据学生能力差异进行临时性编班调整，学生按照不同学科进入适宜的班组学习。这种动态调整打破了固定的班级界限，有助于实现更有针对性的教学。二是按学科选择重新编班（"走班制"教学）：学生依据个人兴趣和学科特长选择课程，形成不同的学习组合，打破了传统的固定班级结构。

特别提醒 ━━━━━━━━━━━━━━━━━━━━━━━━━━━━━

无论是按能力分组、编班，还是基于学生对学习内容的选择进行分组、走班，前提是尊重学生的个人意愿，避免借教学改革之名对学生进行不合理的分隔或标签化。任何形式的"快慢班"划分，均违反教育公平原则，应被严格禁止。

（四）小班化教学：追求个性化关怀与教学质量提升

在传统的班级授课制中，班级人数通常在 40~60 人。大班额教学使教师在教学操作上面临困难，教学负担沉重。在教育资源许可的情况下，减少班级人数，推行小班化教学，成为提升教学质量的有效途径。在小班化教学环境下，教师能够给予每名学生更多关注，更有余力进行精细化、个性化的教学指导，有利于因材施教，满足学生个体差异，从而提高教学效果。

特别提醒 ━━

对习惯于长期大班授课的教师而言，转向小班化教学并不是说学生减少了、任务减轻了，而是意味着需要调整教学目标和教学策略，以适应更注重个体差异和深度互动的教学环境。

是否采用小班化教学，本质上取决于社会经济发展水平和社会对教育投入的支持力度。在欧美等教育发达国家，中小学班级人数普遍控制在 20 人以内，学前教育阶段甚至降至每班约 10 人。相比之下，我国当前的教育投入相对较低，班级人数普遍较多，只有少数地方和学校有条件实施小班化教学。

（五）合作学习：培养合作能力，实现共同进步

合作学习是一种以小组为单位，引导学生在小组内部及小组之间建立合作关系，共同完成教学任务的教学组织形式。小组既可以是相对固定的，也可以根据具体教学任务的需要灵活组建。

采用合作学习方式，不仅是为了实现教学目标，也是学习本身的需要。合作学习中，学生在小组内相互协作、交流思想、共享资源，共同解决问题。这不仅有利于知识的理解与掌握，还锻炼了沟通协调、团队协作、问题解决等多方面的能力。合作是人在社会生活中的基本需求，也是应对复杂问题的有效策略。培养学生的合作能力对其全面发展至关重要。

（六）开放式教学：打破传统边界，促进自主学习

开放式教学的典范是美国帕克赫斯特创行的"道尔顿制"。在道尔顿制下，传统意义的班级制度被取消，教学的过程将不再按班级组织，集体教学让位于个别指导，各学科设有专门的作业室以代替教室。作业室配备相应的

教学设施，1~2名教师在作业室内对学生进行个别化的教学指导。学生与教师按月共同制订"学习公约"。每名学生都有个性化的学习计划与进度，但他们仍会在作业室内进行讨论与合作研究。

开放式的教学组织打破了传统课堂封闭、固定的格局，教学空间不再局限于教室，教学时间不再受制于统一课表，教学方式不再局限于教师讲授，而是转向以学生为中心，强调自主学习、个性化指导与合作探究。这种教学组织形式有助于培养学生的自主学习能力、独立思考能力和团队协作精神，为适应未来社会的复杂挑战做好准备。

（七）教师合作教学与协同教育：教师团队协作与社会力量融入

前面的六种教学组织形式是从学生编排的角度进行的分类。教师合作教学和协同教育则是从教育者的角度进行人员组织的改变。

教师合作教学是一种从教师组织角度出发的教学模式，它打破了传统的单兵作战教学方式，倡导教师集体协作。在实施合作教学的学校，一个班级往往配备两位或以上教师，他们作为一个整体共同策划、准备教学活动的全过程，共同承担与学生交流对话的责任。这种教学组织形式在遇到教学任务复杂，需要跨班级、跨年级、跨学科协作才能完成的课题、主题或项目时，显示出独特优势，是应对这类复杂教学情境的理想选择。合作教学强调教师间的互补合作，通过集体智慧解决教学难题，有利于提高教学效率与质量，减轻单个教师的负担，促进教师专业发展与团队建设。

协同教育将目光投向家庭力量和社会资源，倡导学校、教师、家长、社会共同参与教育教学，打破学校教育孤立于社会的传统格局，形成一个以学校为核心、辐射家庭和社会的教育共同体。这种模式加强了家校联系，使家庭教育与学校教育有机融合，为学生提供全方位、立体化的教育支持。家长和其他社会成员的参与，不仅有助于丰富教育资源，更能从不同视角为学生提供个性化指导，共同促进学生的全面发展。

（八）导师制与导生制：个性化指导与学生自主教育

导师制源于大学教育，如今也被引入中小学，旨在为学生提供更为全面、个性化的教育支持。在班级教学中，学科教师各自负责专业知识的传授，但往往对学生全面发展尤其是非学业方面的成长关注较少。实施导师制，即为每名学生或每个小组配备一位导师，该导师可以是校内教师，也可以是家长、社区专家或其他社会人士。导师不仅关注学生的学业进步，还更关心其人格成长、兴趣培养、生涯规划等非学业方面。导师与学科教师之间通过明确的分工合作，共同为学生提供全方位、多层次的教育指导，这对促进学生作为一个完整个体的全面发展具有重要意义。

导生制是一种让学生扮演教师角色，通过学生教学生的方式进行教学的组织形式。其背后有两个主要考量：一是提高教学效率，二是促进学生成长。教师首先挑选部分学生，使其掌握需要教授的知识内容，然后由这些学生组织全班或小组进行教学活动。这种模式既增加了教学指导的密集度，有效缓解了教师资源紧张的问题，又在实践中锻炼了学生的学习能力、组织能力、沟通能力等综合素质，更让学生在教授他人的过程中深化自我学习，激发学习动力，提升自我效能感。教师应以促进学生成长为目标，灵活运用导生制，让学生既成为学习者，又有机会成为共同成长的促进者和帮助者。

（九）网络化、数字化教学：重塑教学关系与教育生态

现代信息技术的飞速发展对教学组织形式产生了革命性影响。如果将教学视为人与人之间的交互过程，那么网络与数字技术无疑从根本上改变了这种交互的形式与时空维度。媒体传播方式的革新迫使我们对学习、教学乃至学校教育的内涵进行重新解读。值得注意的是，尽管教师、教学活动和实体学校在教育体系中的核心地位无可替代，但在网络化、数字化的背景下，教师与学生的关系、教学的组织模式以及学校的管理和运营方式已然呈现出与传统截然不同的形态。这一深刻变化构成了当前教学组织改进研究与实践的重要议题。

（十）探究性、项目式教学：激活深度学习

在传统的课堂环境中，知识传授与接收是最为典型的教学活动。然而，学习远不止于单纯的知识掌握与运用，更应包含学生通过亲身经历、实践操

作等去主动发现知识、应用知识以及完成实际任务。当学习活动转变为以实践探索为主导时，教学的组织形式势必要进行重大调整，以适应这种以学生为中心、强调主动探究与实践创新的学习模式。

对于广大中小学教师而言，如何有效地驾驭探究性、项目化的教学活动，已成为其专业能力提升的一大挑战。教师不仅需要精通书本知识的教学，更要掌握如何设计与实施富有启发性、能激发学生深度参与的探究项目，引导学生在实践中发现问题、解决问题，培养其创新思维与实践能力。这要求教师不断优化教学组织策略，适应教育信息化时代对教师专业素养的新要求，以应对这一挑战，同时推动自身专业发展。

第二节
教学组织与课程改革

教学可被视为课程理念在实践层面的具体体现，因而课程改革与教学改革本质上是一致的。教学组织的变革根本目的在于能精准、高效地体现课程改革的方向与设计理念，确保教育目标的落地实施。

传统的课程观与教学观紧密相连，两者皆以知识传授为核心。在这一观念框架下，"课程"被理解为一套既定的、静态的知识体系，以学科为载体组织呈现，各学科对应着某一领域的知识体系。由此，"教学"就被简化为教师向学生灌输这些知识的过程。知识中心性、集体教学的一致性及教学时空的封闭性构成了传统课程教学的鲜明特征。

课程改革就是要通过教学组织的革新，实现新的课程理念的落地与育人方式的转变。

一 创新教学方式：学生行为中心的确立

课程设计与实施的原点，究竟是外在的知识体系，还是学生的行为与活动？对这一问题的认识，揭示了课程理念的新旧之分。当前的课程改革正致力于将课程的焦点从传统的知识本位转向以学生的行为和活动为中心。在新的课程观中，"课程"不再仅是知识内容的展开序列，而是由学生的一系列主动行为和实践活动所构成，强调学生在学习过程中的主体地位与深度参与。例如，《义务教育语文课程标准（2022 年版）》以六个学习任务群来组织与呈现语文课程内容，又以四种语文实践活动来贯穿学习任务群的实施，从而落实课程内容。

这种转变意味着教学组织需要围绕学生的学习行为与活动进行重构，打破知识传授的单一模式，转向支持学生在探索、实践、合作、反思等多种活动中建构知识、发展能力、培养心智、形成素养。总体来说，教学组织的革新，需要基于以下考量。

- **以学生为主体** 教学设计应关注学生的兴趣、需求与能力差异，鼓励学生自主选择学习内容、路径与速度，实现个性化学习。
- **创设真实情境** 设计与现实生活密切相关的学习任务与项目，让学生在解决实际问题的过程中习得知识与技能，增强学习的趣味性与实效性。
- **活动驱动** 通过精心设计的学习任务、项目、问题情境等来驱动教学，呈现教学内容，实现教学目标。
- **合作探究** 强调小组合作与同伴互助，培养学生的协作能力与团队精神，通过集体智慧解决复杂问题；鼓励学生主动探究、质疑与创新，培养批判性思维与创新能力。
- **跨学科整合** 打破学科壁垒，围绕综合性主题或问题进行跨学科知识的融合与应用，培养学生的综合素养与跨界解决问题的能力。
- **实施评价改革** 采用形成性评价、表现性评价等多样化的评价方式，关注学生的进步过程与学习成果，反馈教学效果，促进教学改进。

可以说，以学生为主体，基于学生认知规律、学生行为活动的角度设计和展开课程，这是新课程设计理念的一个重要维度。教学组织与课程改革相辅相成，共同推动教育从以知识传授为中心的传统模式，向以学生行为和活动为中心的现代教育范式转变。教师首先要关注学生的学习方式，而不是课文的内容，后者只是达成学生特定成长和发展目标的素材和工具。这要求教学活动的组织与展开必须超越传统的照本宣科、单向灌输模式，转向构建以学生为主体、活动为主线的学习过程。教学目标、活动目标是多元且动态的，共同指向学生核心素养的培养。因此，教学活动的组织方式也必然呈现出多样性与灵活性。

总之，教学组织变革应紧密围绕学生的学习行为与活动展开，构建以学生为中心、活动为载体、技术为支撑、评价为保障的新型教学模式，以实现新课程理念下的人才培养目标。对于中小学教师而言，理解和掌握这种变革趋势，积极适应并推动教学方式的创新，是其专业发展的重要方向与任务。

二　明确教学目标：学生的全面发展与个性化成长

当前，教育改革的核心在于落实立德树人根本任务，致力于促进每一名学生的全面发展与个性化成长。这已成为近年来教育改革与课程改革的主旋律。对此，政策层面给予了明确指引：2019 年，中共中央、国务院印发《关于深化教育教学改革全面提高义务教育质量的意见》，明确提出要坚持面向全体学生、致力于办好每一所学校、教好每一名学生的要求。《义务教育课程方案（2022 年版）》提出"面向全体学生，因材施教"的教育原则。这要求我们的教育体系既要确保全体学生的共同进步，又要关注并满足每一名学生的个性化需求。

在这样的发展主题下，教学改革在操作层面面临的核心问题是：如何在确保所有学生达到课程标准中提出的学业质量标准的同时，妥善解决统一集体教学与学生个性化需求之间的矛盾。这一矛盾是自近代以来一直贯穿教学组织变革的主线，是教育工作者不断探索与实践的重要课题。特别是在班级教学这一传统且广泛存在的组织形式下，如何通过改革与创新，既能保持教学的整体效率，又能有效满足学生的个性化发展需求，这是教学组织变革需要长期关注并着力解决的关键问题。

面对上述挑战，各地各级学校积极开展了多样化的教学改革实践。诸如生本教学、小组教学、分层教学等教学模式受到广泛关注与尝试，旨在打破传统教学的桎梏，赋予学生更多主动权，激发其学习兴趣与潜能。与此同时，国际教育改革亦聚焦集体教学与个性发展的兼容并蓄，不断探索适应时代需求的教学组织形式，为我国教育改革提供了丰富的借鉴与深刻的启示。教育工作者应不断创新教学组织形式与方法，既要保持教学效率，又要促进学生个性化发展，通过借鉴国内外的实践经验与成功案例，探寻适合本土教育环境的教学改革路径。

马斯克所创办的学校以其大胆的创新与颠覆性的教学组织形式，为我们展示了一个"大尺度"教学变革的实例。[①]

马斯克认为，传统学校总是让学生争取"完美"履历，无异于"流水线生产"：虽然会让学生学会很多知识，却忽视了培养学生解决问题的能力；总是教出品学兼优、听话规矩的学生，却不太鼓励创新思考。他要做的是一种截然不同的教学：让教育适配学生，不是学生适应教育。于是他创办了一所学校 Ad Astra School。

Ad Astra School 与传统学校有极大区别，主要体现在三个方面：①不分年级；②没有统一的教学计划，而是以培养学生的实际能力和兴趣为主；③倾向于让学生解决实际问题，让他们理解并学会批判性思维。

取消年级制度，学生如何分组？Ad Astra School 首先取消了全世界广泛使用的年级制度——不是通过年龄，而是通过能力和兴趣评估，把学生编到不同的学习小组。例如，如果 8 岁的学生已经在数学方面展现了明显的天赋，他就完全可以和 12 岁的学生一起上数学课。

没有教学计划，学生如何上课？从 Ad Astra School 里学生普通的一天可以看到：它比传统学校开课晚些，这里九点半才开始上课。虽然大家都在学计算机科学这门课，但因为进度、兴趣不同，其中一组正在学 Scheme 语言，另一组则在学习 Swift 语言，还有一组学生则在鼓捣应用科学……有的时候，还会一起做一个项目，比如小组合作写一份商业计划书。

Ad Astra School 不会制订固化的课表，而是根据既有的师资情况，有针对性地灵活构建课程框架。因此，Ad Astra School 每年都会重新设计课程，其中大概一半课程由学生自己决定。

没有考试、课本、作业，学生到底在干什么？Ad Astra School 里没有体系化的体育、音乐、语言等课程，而是将数学、科学、工程学和伦

---

① 原文见微信公众号"实用教育技术"，引用时有删改。

理学等科目作为教学的重点。学生还可以根据自己的兴趣提出要学习的内容，如火焰喷射器、气象探测器、机器人及 AI 等多种前沿课题项目。在学习中，学生也有自己的课题，可能一个小组在学习各种编程语言，而另一小组则在探讨气象探测器的升空、数据的采集以及设备的回收。甚至，他们会根据自己学到的知识设计相关的商业应用案例，并筹备商业计划书。

尽管此类变革在大多数传统学校中难以立即复制，但其传递出的深刻启示不容忽视：为了促进学生的个性化发展，学校与教师应勇于开拓广阔的改革空间，且这些改革举措必须始终以尊重并围绕学生的个性化选择为核心。

在适应学生个性化需求的课堂环境中，学生应享有如下选择权。

1. 选择学习目标和学习内容

教学要促进学生的个性发展，而不能一味机械地完成预设的教学任务。教学活动固然存在全体学生应共同达成的基本目标，也应赋予学生对一些发展性目标和个性化目标的选择权。同时，在学习内容的选择上，学生应有更大的自主权。尤其是在活动类课堂中，学生可根据个人兴趣自主选择学习领域或课题，使学习内容更贴近其兴趣点，从而激发内在学习动力。

2. 选择学习进度

学生个体之间存在显著的学习风格与节奏差异。教师应尊重并顺应这些差异，允许学生按照各自适宜的速度和路径达成教学目标。这意味着，教师应提供灵活的学习进度安排，支持学生根据自己的理解能力、兴趣、特长等因素，自主调控学习进程，避免因"一刀切"的进度要求阻碍学生深度学习。

3. 选择学习角色

在集体学习过程中，学生彼此之间的合作以特殊的分工为前提。为促进学生个性化发展，教师应赋予学生在合作小组中选择最适合自己角色的权利。这种角色选择不仅关乎具体的任务分工，更关乎学生如何在团队中发挥长项、贡献独特价值，以及如何通过合作提升自我认知与社会交往能力。教师应鼓励并指导学生识别自身优势，主动选择并承担与其兴趣、能力相符的学习角色。

三　转变教学时空观：打破教学时空的边界

教学作为一种教育活动，其完成必然依托于特定的时空背景。对教学时空的理解与把握，直接影响教学组织形式的设计与实施。从形式上看，教学组织变革不仅是对人员组织方式的调整，更是对教学活动所处时空环境的设计和组织方式的革新。

深入理解教学本质、推动教学改革，离不开对教学时空进行深入研究与反思。在传统观念中，教学往往被固化为"教师在45平方米的教室空间内，用45分钟的时间向45名学生进行知识传授"的模式。这种"3×45"的教学观深入人心，边界清晰而僵化。这种观念对教学改革的推进是一种束缚。因此，改变教学观就要改变教学时空观。

打破时间边界的限制，意味着教学组织需要考虑长程设计与短程设计的结合。长程设计着眼于长远，要求在更长的时间跨度（如学期、学年乃至整个学段）内对教学进行全局性规划与安排，确保教学活动与课程目标紧密对接。这是因为课程标准并非是以单节课为单位制定的，而是以达成教育目标为出发点的。教师在教学实践中，要从整体视角出发，思考一节课、一个单元、一个学期乃至更长时间段的教学目标、教学内容、教学方法。与此相对，短程设计则关注具体教学目标的实现，可以聚焦一节课或其中的某个环节进行有针对性的教学设计与安排。

空间边界的突破也会对教学方式产生深远影响。泛在学习理念主张教学应突破物理教室的限制，学生的学习应该无处不在。在现代信息技术的支持下，教学活动不再局限于固定的教室空间，而是可以在图书馆、实验室、户外甚至线上虚拟空间等多种环境中进行。教师与学生需要适应并充分利用各种媒介与空间，进行灵活的教学与学习。

泛在学习、在线教学、混合式教学等新型教学模式，正是基于对教学空间组织方式的深刻变革。这些模式打破了传统教学时空的局限，为实现个性化、灵活化、多元化教学提供了可能性，有利于推动教学改革的深化与发展。

例如，江苏省常州市武进清英外国语学校于2017年启动了一场颇具前瞻性的教学改革，即取消传统的课间铃声，创建一所充满活力、尊重个体自由、灵活适应学生需求的学校。这一举措打破了原有教学时间与空间的严格分割，赋予了教学活动更高的灵活性与自主性。[1]

学校在取消铃声后，对各类课程的时长不做统一规定，根据课程类型、班级特点和学生个体需求进行差异化安排。具体有以下几种：一是短时微课。设置10分钟的微课，主要用于静思课程、午会分享、领袖演讲及自创课程等，旨在快速传递信息、激发思考或进行短暂的集中训练。二是基础课程。保留40分钟的基础课，主要用于学科教学与普适性课程，确保学生有足够时间深入学习基础知识和技能。三是联课与混班教学。设置60分钟的联课，适用于混班、走班教学及专项课程，促进跨班级、跨年级的学生互动与合作学习。

此外，学校积极倡导非正式学习，允许学生在达成学习目标后，自主选择前往教材博物馆、迪士尼排练厅、方言馆等校内外场所进行个性化的、兴趣驱动的学习，或跨班级、跨年级旁听其他课程，确保学生在校时间内的学习既是兴趣导向的，又具有真实性、可迁移性和一定的深度。

针对不同年龄段学生课堂专注力与自控能力显著差异的特点，学校在取消铃声后引入了"手势系统"，使学生能够在课堂上通过简单手势向教师表达个人需求，如一号手势为请求去洗手间、二号手势表示希望与他人讨论、三号手势表示申请去书包间查阅资料。这种无声的沟通方式既尊重了学生的个体差异，又维护了课堂秩序。

取消铃声的背后，是学校对教师教学自主权的极大尊重与保障。学校课程发展部负责统筹全校课程安排与协调，对全校课程实施进行全面

---

① 本案例由江苏省常州市武进清英外国语学校提供。

管理。学校提供定制化的个人课表和作息时间表以满足学生的特殊需
求，同时将全校班级按年级与双语属性划分为五个部落，每个部落由一
位副校长（部落长）负责日常管理，并设有各类主管，如课间主管保障
学生休息与活动安全，课程主管负责部落内课程实施，确保教学管理能
灵活地适应部落需求与学生实际情况。

武进清英外国语学校取消铃声这一举措，具有多重深远意义。

（1）赋予教师课程实施自主权。取消铃声，打破了传统教学时间严格划
分的局面，赋予教师在课程实施过程中更大的自主权。教师可以根据课程内
容、学生需求和教学目标灵活调整教学节奏与进程，为学生创造丰富多样的
学习体验，激发学生学习兴趣，提升教学质量。这种弹性的课程实施方式，
使教师能够充分发挥教学创新精神，为学生带来更加精彩的学习体验。

（2）彰显学生主体立场。取消铃声，意味着给予学生更多自由与尊重，
增强学生的主体意识，提升他们的学习舒适度与满意度。同时，取消铃声能
促使学生逐渐培养自我约束力，学会在无外部强制时间信号的情况下自我管
理，这对于他们的成长与独立性培养具有积极意义。

（3）推动学校管理理念革新。取消铃声，象征着学校管理理念的重大变
革，即从过度管控、僵化的时间管理向更加宽松、自主、尊重个体的管理模
式转变。学校通过减少、降低和弱化对教学活动的直接干预，推动管理理念
的更新、升级与迭代。这一变革鼓励学生和教师从他律走向自律，从被动接
受转变为积极参与，形成更为和谐、自主、动态的学习与管理氛围，有利于
构建更加民主、开放、包容的校园文化。

这一标志性改革，看似简单地取消铃声，实则是构建了一种以学生为中
心、尊重个体差异、鼓励自主学习的教学组织新模式。同时，这不仅是教学
形式的改变，更是对教育本质、师生主体地位和学校管理哲学的深刻反思与
实践探索，以一种看似细微的方式，有力地推动了教育理念的现代化与教育
实践的创新。

第三节
影响教学组织变革的关键因素

一 教育者的观念

教师作为教学组织的设计者与执行者，其对教育、课程、教学和学生的理解，深刻影响着教学改革的推进。若教师将教育教学简单地视为知识的单向传递过程，自然会倾向于沿袭"传授—接受"的传统教学模式，导致课堂成为一个静态、程式化的知识传授场所：数十名学生端坐在课桌前，面对讲台，按照预定的时间划分，聆听各科教师的讲解。在这种观念下，教师被塑造成知识的权威拥有者，学生则被定位为被动接受者。

教学组织变革有赖于教师教育观念的转变，即从以知识传授为中心转向以学生发展和学习活动为中心。但这并不意味着否定知识的重要性，而是要对知识的定位与价值进行重新审视。传统教育往往将知识视作如同营养、水分般的物化存在，认为学生掌握了知识即可引发行为和能力的相应变化。这种知识观忽略了个体对知识的内化与运用过程，未能充分认识到知识是行动与实践的工具，而非目的。如果不从知识运用的角度理解知识的工具价值，传统教育的实质就很难得到改变。在信息爆炸的时代，静态、外在的知识已可通过技术手段轻易获取，教师若仍固守知识传递者的角色，显得不合时宜，也不能匹配时代要求。

因此，教师要成为知识的引导者、学习的促进者，关注学生运用知识解决问题的能力，而非仅仅传授知识。教师的这种角色变化一定会引起教学的真正变革。

教育者观念的转变是一项艰巨而持久的任务，需要教师深入反思既有观念与认知，挑战传统与习惯性思维，克服改革带来的心理不适。教学组织方式的变革不仅是操作模式的调整，更是一场对传统教育观念的挑战与革新。尽管从理智上说，很多教师认同并渴望进行教学改革，但在情感层面，改变长期形成的行为习惯和教学模式无疑会带来困扰与痛苦。课程改革的过程，实质上也是新型教育文化和教学文化的孕育与形成过程，需要教师在观念、行为与文化层面同步转变，以适应新的教育需求与时代背景。

二　教育投入水平与教学条件

班额问题是影响教学组织变革的重要因素。教学组织形式的改变，最终是要保证每一名学生获得更高质量、更加公平的学习机会。大规模的班级人数限制了教师实施个性化教学和对学生个体发展的关注，难以摆脱单一、静态的教学模式，不利于确保高质量且公平的教学过程。同时，学校往往能满足基本的教室配置，但缺乏供开展多样化的教学活动所需要的拓展空间。当教师试图创新教学组织形式，如增加小组合作、实践操作或走动式教学时，会遇到空间资源不足的问题。

教学的设施和装备水平对教学组织方式变革的影响也是显而易见的。以学生为中心的课程改革呼吁在教学过程中应融入更多样化的、自主的学习活动，这对学校的专用教室、多功能活动空间以及现代化教学设施设备提出了更高要求。然而，许多学校因缺乏必要的设施，如机动教室、专业实验室等，无法有效支持走班制、项目式学习等新型教学模式的实施。

尽管近年来中小学信息化建设取得一定进展，但地区间资源配置不均问题依然突出。在网络化教学环境与条件落后的地区，教师很难利用现代信息技术进行个性化教学，满足学生在线学习需求，这在一定程度上限制了教学组织形式的创新。

三　制度环境

与生动的教学改革实践相比，制度的变革其实是相对滞后的。

第一，体现在教学管理制度方面。现行区域性的教学管理制度往往围绕传统的班级授课制设计，对教学改革的新模式适应性不足。教学质量评价体系过度依赖考试分数，忽视了对学生综合素质、能力培养的考量，无形中抑制了教学组织形式的多样化探索。

第二，体现在教师管理制度与评价方面。对教师的评价仍以传统的课堂教学表现为主，未能充分认可和激励教师在教学组织创新、个性化教学以及学生差异化学习指导方面的努力，导致教师在实际工作中可能选择保守的教学策略。

构建与教学改革相匹配的新型现代学校管理制度至关重要，其作用也更加直接。例如，江苏省常州市武进清英外国语学校取消课间铃声的改革，若无相应的教学管理制度变革作为支撑，教师个体即便有改革意愿，也难以在日常教学中持续、实质性、常态化地调整教学组织方式。

四　教师的专业化发展水平

即使克服了外部环境的制约，教师尝试在教学组织方面进行一些创新时，仍会面临诸多挑战。传统的班级授课模式一旦被打破后，不少教师很快会陷入另一个尴尬的境地——发现自己在组织不同形式的教学活动，如小组讨论、课题研究、网络学习等方面经验不足，在教学组织技能方面缺乏专业性。

如何组织不同形式的教学活动？这是一个教学专业技能问题。中小学教师目前所掌握的教学专业技能，基本上是在班级授课制的传统课堂背景下形成的。教师在学习或培训的过程中，往往把注意力放在"如何讲授"方面，而非如何设计和引导多样化的学习体验上。这些组织技能，自觉或不自觉地被作为一种调节或装饰放在了次要的位置。因此，即使是非常优秀的教师，也常常表现出这样一种特征：他们能把文本分析得非常透彻，能把课堂讲授语言锤炼得非常流畅，但却无法有效地组织一次活动。

例如，教师虽有意推行合作学习，但实际操作中学生小组并未实现真正有效的合作，连教师本人都知道，这只是一种形式；为了让学生完成一项课题研究，不同学科的教师合作开展跨学科项目式学习，他们被安排到了不同的活动小组，但彼此之间究竟该如何配合，连他们本人也并不十分清楚，导致相互间的协调与配合不力，影响教学效果；为了让学生利用网络平台进行学习，学生被安排到电脑教室上课，虽然每名学生都有一台电脑，但教学实践中，教师往往简单地将电脑用作课件展示和作业提交工具，未能充分利用现代信息技术促进深度学习和师生互动。

这些形式化表现并非教师的初衷。他们真心希望通过教学组织变革使教学能够真正指向教学目标、贴合学生需求，能够更生动鲜活。但这些变革意愿在实际操作层面缺乏明确、有效的方法，不知如何系统、科学地设计和实施新的教学模式。解决教师专业化发展水平与教学组织变革需求之间的矛盾，帮助教师跨越教学组织变革中的专业化瓶颈，实现从理念到实践的有效转变，是课程改革走向深化阶段必须正视和解决的问题，也是本书希望实现的目标之一。

ZI ZHU XUE XI DE

ZU ZHI YU SHI SHI

自主学习的
组织与实施

　　课程改革大力倡导自主学习、探究性学习与合作学习，旨在着眼学生的未来生存与发展，在教与学的互动中凸显学生的主体地位，培育学生的主体精神，使之成长为全面发展且富有个性的人。

　　自主学习是探究性学习与合作学习的基石。对学生的自主学习进行有效引导与系统组织，有助于激发学生的内驱力，促进其主动而全面地发展。

第一节
自主学习概述

一 自主学习的含义

自主学习是相对被动学习和他主学习而言的一种现代学习形态，其核心在于"学习者能对自己的学习负责"，具体包括自主设定学习目标、自主选择学习内容、自主运用学习策略、自主管理学习时间、自主调控学习进度、自主评估学习效果、自觉反思学习得失，以及自觉寻求学习协作等。

提倡自主学习，是基于价值引导与自主建构相统一的教育观，旨在改变传统教学灌输为主的特点，实现"教师主导"与"学生主体"关系的平衡。对学生个体成长而言，自主学习是潜能发掘、精神觉醒、内心明澈、个性凸显与主体性弘扬的过程；从教师与学生共同参与的教学活动角度审视，自主学习又是经验共享、视野交融与心灵共鸣的过程。

二 自主学习的表现

自主学习的本质在于学习者的自主性，即学习者以自我为主导，独立完成学习任务。从这一核心出发，自主学习有以下表现。

第一，能学。基于自我意识的发展，学生具备独立开展学习活动的能力。

第二，想学。源自内在学习动机的驱动，学生对知识有强烈的探索欲望，求知热情饱满。

第三，会学。得益于掌握一定的学习策略，学生能够高效、灵活地进行学习。

第四，能坚持学。凭借坚定的意志力，学生能够在面对困难时坚持学习，不轻易放弃。

可见，自主学习是一种自觉、自律、自为的活动。其中，自觉是对自我状态与需求的认知，自律是对理性规则的认知与遵循，自为是对认知过程的认知与调控，即元认知。也就是说，如果学生在学习活动之前能够明确学习目标，制订学习计划，做好前期准备，在学习活动中能够对学习进展和学习方法做出自我监控、反馈与调整，确保学习进程的有序进行，在学习活动后能够对学习结果进行自我检查、总结、评价与补救，实现学习效果的闭环管理，那么他的学习就是自主的。

三　自主学习的主要特征

（一）全程参与性

自主贯穿学习全过程，从学习目标的设定、学习重点的梳理，到学习方法的选择、学习形式的确定，再到学习过程的推进与学习反馈的获取，学生全程深度参与。教师在此过程中起辅助与引导作用，旨在配合而非替代学生。

（二）高度主动性

主动学习是自主学习的核心特质。学生展现出强烈的主体意识与外在行动上的独立和自主。他们能在学习中实现自主规划、主动选择、自我监控，积极发挥主观能动性。

（三）深厚情感性

自主学习以学生内在的学习动机为动力源泉。在自主学习状态中，学生有积极的情感投入，一方面对学习充满热情，兴致盎然，乐于主动参与；另一方面能在学习中挑战自我、验证自我、获取真知，享受学习的乐趣，形成积极的情感体验。

（四）富有成效性

自主学习强调学习策略的运用，追求"会学"。判断学生是否真正做到自主学习，不仅要看他们是否能积极主动地学习，而且要看他们是否在富有成效地学习。因此，在自主学习中，学生的一切学习活动不仅应是必要的，而且应是有效的。

第二节
推动自主学习的教学变革

一　转变教学观念：从"重教"转向"重学"

观念是行动的先导。教师秉持何种教学观，便会展现出相应的教学行为。在传统的"以教为中心"的教学关系中，教师占主导地位，学生被动接受知识，自主学习难以实现。要促进学生自主学习，首要任务是转变教学观念，从"以教为中心"转向"以学为中心"，视教学为教师与学生间的互动交往和共同成长过程。教师在教学设计与教学实施中，都要思考一个根本性的问题：学生如何才能学会？如何才能会学？

例如，在"分式"单元起始课教学中，教师应有意识地为学生的后续自主学习提供系统指导。①

考虑分式既具有"分数"的形式，又具有"式"的特征，可引导学生从已有的分数与整式学习经验出发，以类比学习的方式，逐步解决"什么是分式""为何学习分式""怎样学习分式"以及"分式要学习哪些内容"等问题，旨在帮助学生形成对本单元学习内容的初步认识，并将其纳入原有知识体系，构建新的认知结构，同时指导学生形成学习和研究本单元内容的思路与方法。

在完成对分式概念的梳理、归纳和辨析后，可引导学生思考"整式

---

① 张伟俊.初中数学章节起始课教学存在的问题与策略［J］.教学与管理（中学版），2019（9）：
56-58.（引用时有删改）

与分式在数学体系中的统称"的问题，启发学生将这一问题与已熟知的"整数与分数统称为有理数"的知识进行类比，形成"整式与分式同属有理式"的认知。

此举不仅有助于学生在脑海中构建起关于分式的新知识体系，更为关键的是，教师在此过程中有目的地进行了学法指导，巧妙地植入了类比学习这一重要方法。这样，学生不仅理解了概念关联，更深刻体验到类比思维在知识迁移与理解深化中的作用。这一设计不局限于当前对知识点的掌握，更着眼于长远，为学生后续运用类比方法学习分式的性质、运算等复杂内容奠定了基础，使他们在面对新的数学挑战时能更加自如地运用类比这一有力工具，实现知识的自主建构与高效习得。

在学生初步理解了类比的思想方法之后，可适时引导他们类比分数和整式的学习经验，思考、推测"分式"这一单元的学习内容，鼓励学生运用类比推理搭建本单元的知识体系框架，并通过举例子的方法展开相应的探究。

在这个过程中，学生通过独立思考与合作探究，从理解分式的基本概念，到探究分式的基本性质，再由性质研究过渡到分式的通分、约分、四则运算等实际应用，进而研究分式方程和分式不等式问题，逐步构建起分式的知识体系与研究思路。整个过程，不仅锻炼了学生的类比思维与知识迁移能力，也培养了他们的自主探究与合作学习精神。

在具体问题的探究中，也可进一步引导学生理解什么是类比。例如，探究分式的基本性质，首先引导学生回忆分数的基本性质，由此推断分式的基本性质。然后基于"分子和分母同时乘以或除以同一个不为0的数"到"分子和分母同时乘以或除以同一个不为0的整式"，启发学生认识到：运用类比的思想方法研究问题，不仅要关注两类事物的相同点，而且要关注它们的不同点，帮助学生深化对类比思想方法的理解。

本例是关于单元起始课教学的，为学生后续自主学习整个单元内容提供系统指导。

第一，单元起始课起到先行组织者的作用，旨在揭示单元学习内容的脉络和走向，帮助学生把握学习内容的来龙去脉，激发学生对新知识的好奇心与求知欲，为后续深入学习奠定认知基础。

第二，单元起始课能发挥统摄作用，揭示本单元的知识内容及逻辑架构，让学生在后续学习中具有全局思维和整体视角，既能微观地洞察各知识点之间的内在联系，又能宏观地把握知识的整体框架，避免陷入碎片化学习的困境。

第三，单元起始课能发挥方法指导的作用，揭示单元研究的主线思路与关键方法，使学生后续自主学习既有明确的方向指引，又有高效的思维支架和切实可行的操作路径，提高学习的针对性与实效性。

二 变革教学模式：从"先教"转向"先学"

长期以来，人们习惯性地认为"教"是"学"的前提和基础，教学即应先教后学。自 20 世纪 80 年代以来，我国基础教育领域涌现出诸多挑战这一传统模式、寻求教学模式变革的实践探索。其中，邱学华老师的尝试教学法最为典型，其核心观点是：学生能尝试，尝试能成功，成功能创新。基本特征是：先学后教，先练后讲。其基本策略是：先练后讲，练在当堂；从尝试着手，从练习开始。

在教学实践中，"先学"和"后教"应警惕并避免以下两种倾向。

（一）"先学"流于形式，成为变相的接受学习

理想的"先学"应以问题为导向，引导学生自主探究，经历知识的生成与发展过程。然而，在实践中，学生的"先学"，常常是在机械地完成导学案、被动地观看微视频等，缺乏深度思考与主动参与。在这种情况下，所谓的"先学"，只是将课堂上的直接灌输转移到课前借助技术手段的间接灌输，

其实质依然是单向的知识传输。要真正实现"先学"，教师必须聚焦于培养学生的自主学习能力，精心选择自学材料，提供有效的自学指导，确保先学过程的思维含量和探究性。

（二）"后教"简化为习题训练，忽视高级认知能力的培养

"后教"是在学生"先学"基础上的以学定教，应基于学生的"先学"情况，以学生的问题和困惑为核心，通过合作学习与教师点拨解决问题，随后进行有针对性的巩固训练。然而，现实中存在将"后教"变成上复习课的情况，课堂充斥大量低层次、低水平的习题训练。"先学后教"中的"后教"环节，应突破过度关注知识传授的局限，避免停留在低级认知技能的重复训练上，应重视对学生高阶思维能力、问题解决能力和创新能力的培养，着重提升学生的高级认知能力。

总的来说，"先学后教"教学模式为学生创造了自主学习的时空，赋予了学生学习主体地位，有利于激发其内在学习动力，经历自主探究、合作交流的过程，提高问题解决能力。正如"在游泳中学会游泳，在骑车时学会骑车"一样，通过持续的自主学习实践，学生将逐渐习得学习的技能，最终"学会学习"。

此外，学生通过"先学"，"最近发展区"发生了变化，教师可以借助学习平台的学习分析技术，实时、准确地洞察学生学习的实际情况，为教学决策提供科学依据。如此一来，教师的教学活动就能真正做到有的放矢：对学生已经掌握的内容避免重复讲解，对个别学生的特殊问题进行单独辅导，对普遍存在的共性问题则集中讲解，从而大幅度提升教学的针对性与实效性。

三　变革教学方法：从"教学"转向"导学"

学生作为学习主体，具备独立的学习愿望与潜在的学习能力，这是学生自主学习得以顺利开展的前提条件。学生间客观存在成长背景、认知水平、学习能力等差异，学生的自主学习能力基础也不尽相同，这恰恰凸显了培

养学生自主学习能力的重要性。自主学习能力的培养，需要经历一个从扶到放的过程。教师要在学习目标设定、学习内容选择、学习方法建议及学习效果检测等方面给予学生必要的指导。

以江苏省常州市武进区湖塘实验中学为例，该校自 2006 年起启动以引领学生自主学习为核心的教学改革，历经多个阶段（见下图），成功构建了自主学习型课堂。

湖塘实验中学自主学习型课堂改革实践

该校的改革首先聚焦于教学案的设计与编制，以此引导学生开展自主学习。教学案是课前由教师集体设计的一种集教师的教案和学生的学案于一体的、师生共用的探究活动文本，是对课前学生自主学习与课内师生互动学习的合理规划。教学案的课前部分主要包括：基于学习目标的任务分解、基于教材的导读建议、基于原有经验的问题引领、基于主体内容的学法指导、基于学情诊断的自学检测等；课内部分主要包括：基于自主学习的问题解决、基于已有经验的知识建构、基于核心内容的深度探究、基于学习评价的当堂检测等。

下面以勾股定理的教学案为例，说明教学案课前部分的设计。

1. 学习目标

学习目标是学生自主学习的"航标"，应以简洁明了的表达让学生知道要学习什么，具有导向和激励的作用。以下目标不仅涵盖对勾股定理的探索与证明，还强调发展学生的合情推理能力、数形结合的思想、观察与思考表达的能力，以及应用勾股定理解决实际问题的能力。

> （1）经历勾股定理的探索过程，发展合情推理能力，体会数形结合的思想。
>
> （2）经历用拼图法证明勾股定理的过程，发展用数学的眼光观察现实世界并能有条理地思考与表达的能力。
>
> （3）掌握勾股定理，并能运用勾股定理解决简单问题。

2. 教材导读

通过导语激发学生兴趣，简述勾股定理的重要地位、历史背景及其在数形结合方面的典型意义，引导学生步入学习情境。进而基于学习目标，以问题链的形式，引领学生带着问题阅读课本，边阅读边思考，内化新知识。

> （1）导语。
>
> 勾股定理是几何中一个非常重要的定理，它揭示了直角三角形三边之间的数量关系，将形的特征转化为数量关系，堪称数形结合的典范，在理论上占有重要地位。勾股定理有着丰富的历史背景。现在就让我们循着古代数学家的足迹，一起来研究它吧。
>
> （2）阅读教材，思考下列问题。
>
> ①古希腊著名的数学家毕达哥拉斯通过细心观察，从平淡无奇的地砖铺成的地面中，发现了什么深刻的数学道理？
>
> ②等腰直角三角形具备的"斜边的平方等于两直角边的平方和"这一规律，能否推广到其他直角三角形？请你借助教材图片进行研究，并思考：如何计算以斜边为边长的正方形的面积？有哪些不同的计算方法？
>
> ③认真研读中国古代数学家赵爽是如何借助"弦图"证明勾股定理的，思考这种方法的本质是什么。借助"赵爽弦图"，思考：是否还有其他证明勾股定理的方法？

3. 方法指导

将学习内容细化为可操作的任务，便于学生分步自主探索。方法指导应聚焦学生自主学习过程中的难点和疑点，给学生提供适当的学习支架，帮助学生突破难点和疑点，有时也可以以范例等形式帮学生厘清思路、归纳新方法、提炼新思想。

图1中的正方形 *A′* 和正方形 *B′* 的面积是易求的，你会求正方形 *C′* 的面积吗？你可以先将正方形 *C′* 进行适当的割补，将正方形 *C′* 的面积转化成能求得的几个图形的面积和差。请你用两种不同的方法，先在图2和图3中画出割补线，然后计算出正方形 *C′* 的面积。

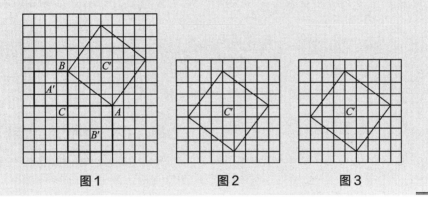

图1　　　　　　　图2　　　　　　　图3

4. 自主检测

设置课前自我评估环节，检测学生自主学习的效果，了解学生对基础性问题与主要知识点的掌握情况，这既是练习巩固，也是课前诊断，为课堂教学指明方向。

（1）用四个完全相同的直角三角形，围成如图4所示的图形，请你证明勾股定理。

（2）如图5所示，在 $\triangle ABC$ 中，$\angle C = 90°$，$AB = 13$，$AC = 5$，求 BC 的长度。

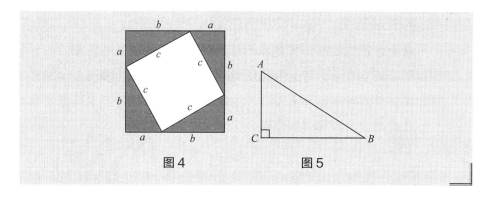

图4　　　　　　　图5

5. 总结质疑

一方面，通过学生的总结汇报，及时、准确地把握学生对新知识的掌握情况，提高课堂教学的针对性和有效性；另一方面，搭建平台，引导学生主动发现问题、提出问题，因为发现问题比解决问题更重要。

> 通过自主学习，你有哪些收获？还有哪些疑惑？你还想知道些什么？

教学案的课内部分则侧重于以下几个方面。一是问题解决，组织学生讨论课前自主学习中遇到的问题，通过合作或教师点拨解决疑问；二是知识建构，引导学生基于已有的经验和新获取的信息，系统构建知识体系；三是深度探究，针对核心内容组织深度讨论或实践活动，帮助学生深化理解，提升思维层次；四是当堂检测，即时进行学习效果评估，确保学生掌握所学知识，及时反馈并调整教学。

这样，通过教学案的设计与实施，教师的角色从单纯教知识的"教书匠"转变为引导学生自主学习的"导师"，不仅有利于尊重并激发学生的主体性，还通过系统化、结构化的学习支持，帮助学生逐步提升自主学习能力，实现从被动接受知识到主动建构知识的转变。

四　变革学习评价：从"重结果"转向"过程与结果并重"

要促进学生自主学习，教师不应仅是知识的传授者，更应成为学习过程的引导者和评价者。教师要转变评价观念，创新评价方法，借助现代信息技术，从重点关注学习结果转向全面重视学习过程，发挥评价的激励、指导与改进功能，构建起以过程为导向、关注个体差异、促进学生全面发展的新型评价体系。

（一）坚持发展性评价

教师应关注学生的个体成长与能力发展，而非仅仅看重单一的学业成绩。评价的目标应从判断学生的当前水平转向预测其未来潜力，从静态的结果评价转向动态的过程评价。

（二）终结性与形成性评价相结合

终结性评价（如期末考试）虽然能够反映学生某一阶段的学习成果，但不足以全面展现其学习过程。因此，应结合形成性评价（如日常作业、项目报告、课堂参与等），实时监测学生的学习进展，及时发现并解决他们在学习过程中遇到的问题。

（三）量化与质性评价相统一

评价体系应兼顾量化数据（如分数、完成任务的数量）和质性描述（如学习态度、思维品质、合作能力等），确保评价的全面性和公正性。其中，量化数据便于比较和统计，质性评价则能深入揭示学生的学习特点和优势。

（四）强化过程性评价

第一，关注学生学习活动的过程，评价学生参与学习活动的质量和水平。观察分析学生的学习情感、学习方法、思维方式等过程性要素，评价其在学习过程中的投入程度、学习策略运用、问题解决能力等，引导学生反思自己的学习态度，优化学习方式，促进良好习惯的养成。

第二，追踪学生的动态发展。通过持续观察和分析学生的学习表现，识别其进步趋势、潜在能力，诊断其存在的困难和问题，激发他们的学习积极性，帮助他们调整学习策略、改进学习行为和学习方法。

第三，将学习评价融入教学全周期。应使评价贯穿教学各个环节，如课堂互动、课后练习、小组讨论、展示交流、总结反思等，使评价活动成为教学过程的有机组成部分，"教—学—评"一体实施，及时给予学生反馈与指导，使评价成为促进学生学习的有效措施。

第四，优化学习评价的方式方法。倡导自我评价与反思，鼓励学生积极参与评价过程，指导学生借助评价对自己的学习进行自我诊断、自我调整，使学习评价成为学生深化理解、建构意义、迁移应用的再学习过程，成为学生培养自主学习能力与反思精神的过程。

（五）利用现代信息技术强化过程评价

借助大数据分析、数据诊断等技术手段，教师能够更加精准地捕捉学生的学习行为、兴趣偏好、知识掌握情况等多方面的信息，实现对学习过程的精细化、个性化评价。基于大数据的学习评价不仅有助于把握学生群体的共性特征，更能揭示学生个体的独特学习个性，为实施精准指导和个性化教学提供有力支持。例如：

江苏省常州市武进区湖塘实验中学自 2017 年开始建设"信息化自主学习平台"，通过在线答题—在线批阅、纸笔答题—先扫后阅、纸笔答题—先阅后扫三种方式大规模采集学生学习数据，然后经过大数据分析，以图文并茂的方式呈现分析结果。借助数据分析结果，学生能清晰地了解自身的学习状况，特别是对出现的短板能有针对性地进行补习。他们可以通过聆听教师的视频解析、参考同学的正确解答或者按照平台智能推送进行拓展性练习，实现个性化学习。同时，教师依据分析数据能精准掌握学生的学情，聚焦学生的真实问题，从而实施精准教学，真正做到"以学定教"。

第三节
促进自主学习的指导策略

一 激活身心，点燃自主学习的内在动力

优质的课堂教学带给学生的远不止知识的积累与技能的训练，更重要的是学习动机的唤醒、学习习惯的养成、思维品质的提升。在这个过程中，教师的角色应从单纯的教材诠释者和教案执行者转变为富有创新精神和教学智慧的引导者，重视激发学生的内在学习意愿，培养学生良好的学习习惯，提升学生的学习能力，引导他们主动获取知识、形成技能、提升素养、展现个性。

（一）营造宽松愉悦的学习氛围

在自主学习的课堂上，学生的心情应当是舒畅、轻松的。教师应致力于构建和谐的课堂氛围，营造宽松的学习环境，创造一个自由、平等的学习空间。这样的环境不仅有助于消除学生的紧张与压抑，更能激发其探索知识的热情，从而为自主学习提供良好的心理土壤。

例如，在于永正老师的一次公开课上，由于是借班上课，师生之间难免存在一定距离。为融洽感情，于老师在课始通过与学生聊天的方式，采取一系列教学策略并适时调整态度，有效拉近了与学生的心理距离，营造了积极、和谐、平等、互动的学习氛围。①

---

① 彭钢，蒋保华.教学现场与教学细节［M］.北京：教育科学出版社，2024：42-43.（引用时有删改）

师：同学们好！

生：于老师好！

师：怎么知道我姓于的？

生：老师说的。

师：说我姓于。老师还告诉你们什么？

生：你叫于永正。

生：你是一位全国特级教师。

师：全国特级教师？我是江苏省特级教师。还讲了什么？

生：你上课时对待学生很平等。

师：说的好话真不少呀。

生：你当学生是自己的朋友。

生：你跑过许多省市。

师：跑过，（做奔跑状）用腿跑？到过，跑过也行，快就用跑，跑过许多省市。

生：你很幽默，很平易近人。

师：很幽默，很平易近人。来握握手。（与该生握手）

案例中，于老师放下权威姿态，转换角色与视角，让学生说出对自己的印象，借学生之口做自我介绍，并以亲切、幽默的语言进行回应，不仅迅速吸引了学生的注意力，打破初始的疏离与拘谨，还通过轻松愉快的方式表现出教师的个人特质，成为学生的"伙伴"，增进师生间的了解与接纳。对学生而言，这样的环境是安全、轻松的，有助于减轻他们的心理压力，激发学习兴趣与内在动力，使他们能够在没有过多顾虑与束缚的情况下，全身心地投入自主学习之中。并且，于老师通过轻松愉悦的师生互动，奠定了本堂课鼓励学生自由发表观点、参与讨论的基调。于老师充当着引导者和协调者的角色，通过谈话交流、语言诱发、情境创设等多种手段，既给学生以亲近感、安全感和轻松感，又使讨论过程有序且富有成效。

（二）激发学生的学习兴趣

自主学习的课堂，应该是学生展示才智、进行创造体验、充满活力的学习空间。在这样的课堂上，教师的任务之一就在于根据教学目标、教学内容和学生实际，精心组织教学活动，充分调动学生的积极性与主动性，激发学生自主学习、自我探究的兴趣，让他们在享受学习的过程中实现深度认知与全面发展。

特别提醒

　　很多教师有一个认知误区，认为要想激发学生的学习兴趣，就是要一味地投其所好，或者一味地营造看似活跃、热闹的课堂，认为学生开心了，其学习兴趣就会被激发。事实上，形式上的开心并不能激起内在的学习欲望，只有真正体验到学习本身带来的深层次的愉悦感和自我效能感，学生的学习兴趣才会被深度激发。

1. 营造愉悦的学习氛围

注重教学方式的趣味性与互动性，运用故事讲述、游戏化教学、多媒体资源等手段，将知识点融入生动有趣的情境中。同时，关注学生的个体差异，提供差异化、个性化的学习支持，帮助每名学生找到适合自己的学习路径，让他们在轻松愉快的氛围中享受学习过程。

2. 精心组织教学活动

深入研读教材，把握教学目标与教学内容，结合学生的学习水平、兴趣特长和生活经验，设计能引发学生主动探究的教学活动。这些活动可以包括问题驱动式学习、合作学习、案例分析、反思性写作等，旨在激发学生的好奇心、求知欲和问题意识，促使他们主动寻求答案，形成自主学习的习惯。

3. 打造展示自我才智的舞台

设计多样化的教学活动和任务，如小组项目、课题研究、角色扮演、公开演讲等，为学生提供充分的机会去展示他们的知识、技能和独特见解。当学生的思考与努力得到认可、才智得以施展，他们就会对学习产生更强的成就感与自信心，进而保持长久的学习兴趣。

4. 让学生积累丰富的创造体验

鼓励学生进行探究性学习，允许他们提出问题、尝试解答、验证假设，并在实践中发现问题、解决问题；设置开放性问题、设计实验或实践活动，引导学生运用所学知识进行创新性思考与实践操作。这样的创造体验不仅能深化学生对知识的理解与应用，更能激发他们的好奇心和求知欲，从而提升学习兴趣。

5. 培养学生的自我探究能力

帮助学生掌握提出问题、独立思考、信息检索、批判性分析等自我探究的技巧与方法，使他们具备独立解决问题的能力。同时，强调学习过程中的反思与评估，鼓励学生定期回顾自己的学习进度与成果，设定个人学习目标，调整学习策略，逐步提高自我调控学习的能力。学生对学习的掌控能力和元认知能力越强，学习兴趣也就越浓厚。

二　开放课堂，创设自主学习的外部条件

打破传统课堂的时空限制，能赋予学生更广阔的学习空间与更多元的学习方式，激发其自主探究的热情与潜能。这要求教师尽力创设具有接纳性、支持性、宽容性的开放的教学情境，促使学生全身心投入学习，实现深度学习与全面发展。

（一）开放时空，拓宽学习领域

突破固定课时、固定地点的限制，灵活安排学习时间和空间。例如，采用线上线下混合式教学，鼓励学生在课后通过网络平台继续学习、讨论与答疑，或者设立自主学习时段，让学生根据自身需求选择学习内容与进度。此外，利用课外活动、社会实践、研学旅行等形式，将学习延伸至校园之外，让学生在真实的生活情境中学习和应用知识，拓宽学习视野与领域。

（二）对接生活，激活学习内容

将教学内容与现实生活紧密联系，使抽象的知识变得生动鲜活。例如，通过案例分析、实地考察、项目研究等方式，将教材内容融入生活场景，引导学生从生活中发现问题、分析问题，运用所学知识解决实际问题。这种生活化的教学方式能激发学生的学习兴趣，增强知识的应用性，同时培养他们的观察力、思考力和社会责任感。

（三）问题导向，任务驱动

要更好地促进学生开展自主学习，在目标引领的基础上，还应坚持问题导向、任务驱动，将学习目标转化成学生要解决的问题和要完成的任务。教师要设计切合学科实际、课堂实际和学生实际的问题或任务，创设真实、开放的教学情境，鼓励学生踊跃提问、提高问题质量，引导他们在合作与交流、质疑与挑战中解决问题，完成任务，深化知识理解，发展批判性思维，提升创新能力。

（四）全感官参与，提升学习效果

倡导动眼、动手、动耳、动口的具身学习，充分调动学生的视觉、听觉、触觉、言语等多种感官参与学习过程。例如，使用多媒体教学资源，呈现丰富学习内容；设计动手操作或实验探究活动，让学生亲身体验、亲手实践；鼓励小组讨论、口头报告，锻炼学生的听说能力和团队协作能力。多种感官的参与能够提高学习专注度，加深知识记忆，深化学习体验，提升学习效果。

例如，教师在教学"正切"时，创设真实情境，给学生充足的时间和空间，引导学生在自主探究、合作交流、具身体验的过程中学习"正切"的概念。①

---

① 张伟俊.初中数学教材重构的内涵、原则与策略［J］.教学与管理（中学版），2020（8）：57-60.（引用时有删改）

● **问题 1**　如图，小明测得太阳光线与水平地面的夹角为 37°，旗杆的影长为 20 米。就计算旗杆的高度而言，这些信息够了吗？（信息够了，但不会求，怎么办呢？）

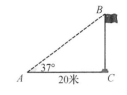

● **问题 2**　从特殊情况入手，如果∠A=45°，你能求出 BC 的长度吗？∠A=60°呢？（从特殊情形得到启发，发现"当∠A=37°时，它的对边与邻边的比值确定"，这个比值是多少呢？）

● **问题 3**　请你设计一个方案，求出直角三角形中 37°锐角的对边与邻边比值的近似值（精确到 0.01）。（以数学实验的方式，通过实践操作、合作探究得到比值的近似值）

● **问题 4**　回顾上述探究过程，你有哪些体会和感悟？（通过活动学生感受到"如果直角三角形的一个锐角的大小确定，那么这个锐角的对边与邻边的比值也确定"，从而引出"正切"的概念）

"测量旗杆的高度"是研究教材前一章"图形的相似"的重要现实背景。在"图形的相似"这一章中，"测量旗杆的高度"是借助"两个三角形相似，对应边成比例"来解决问题的。现在要求在一个三角形中来解决问题，这是对原有问题的延伸拓展，能很好地体现知识产生和发展的过程。

在上述案例中，教师从实际问题的解决入手，引导学生经历从特殊到一般的过程。在研究特殊角的过程中，学生发现问题之所以能够解决，是由于这一特殊角的对边与邻边之比是一个常数，而且这个常数的值是知道的。受此启发，学生提出猜想：在含 37° 角的所有直角三角形中，37° 角的对边与邻边之比是不是一个常数呢？这个常数值又是多少？这样，教师设计的几个问题，环环相扣、由浅入深、层层递进，不仅引导学生经历了从特殊到一般的探究过程，而且深刻揭示了"比值"产生的来龙去脉。学生积极动脑、动手、动口，多种感官协同参与，既收获了知识和技能，又积累了数学活动经验，体悟到数学思想方法。

（五）师生平等，营造教学对话的自由空间

新课程理念下的教学过程，应该是一个师生深度互动、共同建构知识与意义、促进个体全面发展的动态过程。师生之间平等对话、积极互动、共同发展的核心在于形成平等和谐的师生关系，关键在于情感沟通。

师生地位平等是实现有效教学对话的基础。教师在教学中，要有意识地去建立教师与学生、学生与学生、学生与教材之间的平等的多向交流关系，营造轻松的课堂氛围，让学生能精神愉快、真诚对话。平等的师生关系中，师生间不仅是教育者与受教育者的角色关系，更是平等交流、相互启发的伙伴关系。教师不再是知识的简单传递者，而是引导者、组织者、合作者；学生也不再是被动接受知识的容器，而是主动探索、积极思考的学习主体。教师应尊重学生的个体差异，接纳他们的观点和想法，鼓励他们积极参与讨论，发表独特见解。同时，学生也应尊重教师的专业指导，虚心求教，形成良好的双向反馈机制。这种建立在平等基础上的交往与互动，营造出安全、开放、包容的学习氛围，使教学过程充满活力，有助于消除学生的心理障碍，增强自信心，激发内在学习动力。

平等基础上的情感沟通是建立良好师生关系、推动教学对话深入的关键。教师要具备敏锐的情感洞察力，关注学生的情绪变化，及时给予情感支持和心理疏导。在课堂上，要善于调动学生的情感参与，运用多元化的教学手段和方法，激发学生的学习兴趣，使课堂气氛既严肃认真又轻松愉快，以增进师生之间的情感共鸣，提升教学效果。

三　师生互动，构建自主学习的调控机制

与被动接受式学习相比，自主学习以学生为中心，强调主动探索、自我调节和深度参与，教学情境更充满张力和复杂性，更需要师生双方的互动。这就需要教师从"台上"走到"台下"，从"台前"走到"幕后"，转变角色定位，充分发挥引导者、设计者、促进者的作用，为学生创设具有吸引力的学习情境，提供必要、正确、有效的引导，并与学生建立紧密互动关系，共

同营造有利于自主学习的环境和文化氛围。

（一）目标引领，调控有度

在课堂教学中，如何使学生放开、放胆而不放任，自主、自由而不自流呢？这是自主学习理论和实践研究中不可回避而又比较棘手的问题。教师要把握"放开"与"放任"、"自主"与"自流"的界限，对学生的自主学习进行有效调控，既激发学生的学习兴趣和主动性，又确保学习过程的有序性和高效性，以避免出现一放就乱、一统就死的现象，既保护学生的自主探究精神，又防止学习过程陷入无序和低效状态，帮助学生实现真正意义上的自主学习。

1. 通过目标引领

无论是课前预习还是课堂活动，教师都应设定清晰、具体、简洁的学习目标，让学生明确知道学习的内容、标准及达成路径，引导学生始终围绕学习目标进行自主探究。

学生都有自己的兴趣王国，其探究心性也容易持续地停留在自己感兴趣的领域中。教师要尊重并利用学生的兴趣，将其与学习目标相结合，引导学生在探究过程中始终保持目标感。同时，应关注学生是否因沉迷于兴趣点而偏离探究主线，适时、适度介入，但不应过度干预，以免挫伤学生探究的积极性和主动性。

2. 进行灵活调控

自主学习的目标达成需要一个过程，各学科都有自身的特性和学习规律。教师既要根据这些规律科学设计学习流程，引导学生进行有序的学习和探索，又要预留足够的灵活性，以便根据学生的实际反应和课堂情况进行必要的调整。面对活跃的课堂氛围和学生高涨的学习热情，教师一方面是积极互动的一方，另一方面仍需冷静地驾驭课堂，全面观察、深入分析，关注学生是否围绕学习目标进行有效探究，是否存在偏离目标的现象。

针对学生可能出现的偏离目标行为，教师应及时运用提示、调整、收拢等方法进行干预。例如，通过提问、示范、提醒重点等方式提示学生回归目标；适时收窄讨论范围或聚焦关键问题，引导学生聚焦思维；根据需要调整活动环节、学习资源或小组分工等，确保学习过程与目标保持一致。

（二）问题触发，鼓励质疑

如何才能更好地促进学生自主学习？在目标引领的基础上，还须坚持问题导向、任务驱动，将学习目标转化成学生要解决的问题和要完成的任务。怎样设计切合学科实际、课堂实际和学生实际的问题，引导学生自主学习？怎样鼓励学生踊跃提出问题并逐渐提高提问的质量？怎样应对学生可能提出的各种稀奇古怪的问题？这是组织学生自主学习时必须回答的问题。

1. 精心设计问题

问题作为思维的触发点，其质量直接影响学生自主学习的层次与效果。教师在设计问题时应优先考虑构建结构性问题，此类问题有助于引导学生有序思考与条理表达，也是支持学生进行高阶思维的重要路径。

（1）问题要契合学生的认知与活动情境。教师要依据学生的认知基础与当前学习活动的具体情境，设计触及学科本质、体现学科价值的问题，确保问题与学生已有的知识结构产生关联，同时具有现实意义。

（2）问题要整体构建，又具有深度的拓展。问题的设计要有整体观念：将孤立、零散的问题进行整体设计，通过变式拓展或逐层递进的方式形成问题序列，引领学生思维不断走向纵深。

（3）问题要具有开放性与生成性。问题的开放性能帮助学生发散思维，鼓励他们从不同角度、不同层面思考问题。同时，教师要充分利用学生在问题解决过程中的生成性资源，适时追问和引导，激发学生的深度思考，推动他们对问题本质的深入理解。

例如，"拼图·公式"是一节综合与实践数学活动课。为了能有效促进学生自主探究、动手实践、合作交流，教师设计了结构性问题序列，带动学生实现高品质自主学习。[1]

---

[1] 张伟俊.单元整体视角下数学综合与实践的教学探索［J］.中学数学教学参考（中旬刊），2021（7）：11-13.（引用时有删改）

1. 尝试拼图，从无序走向有序

● **问题1** 取2张 *A* 型卡片、5张 *B* 型卡片、2张 *C* 型卡片，能不能用它们拼成一个长方形呢？你准备怎样拼？动手试一试。

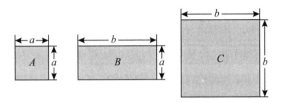

追问1：看一看你的小组同伴是怎样拼的，你们的拼法一样吗？如果要快速完成这样的拼图，谁的方法更好？你们有哪些经验？

追问2：请大家在刚才取出的卡片中加一张 *A* 型卡片，还能不能拼成长方形？请用新方法试一试。

2. 算两次，从活动走向思考

● **问题2** 如果要表示下图的面积，你准备怎样表示？

追问：下图中（1）和（2）两种不同的方法表示的是同一个长方形的面积，这说明了什么？如果要说明这两种方法表示的面积是相等的，你准备怎样做？

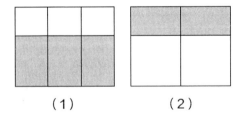

（1）　　　　　（2）

3. 以形助数，从抽象走向直观

● **问题3** 你能用拼图的方法，因式分解 $2a^2+7ab+6b^2$ 吗？你是怎样思考的?

变式 1:你能用拼图的方法计算 $(a+3b)(2a+b)$ 吗?

变式 2:你能从"形"的角度寻求方法,计算 $(a+b+c)^2$ 和 $(a+b)^3$ 吗?

4. 以数辅形,从简单走向深入

● **问题 4**　有 A、B、C 三种型号的卡片各 10 张,取出若干张卡片,每种卡片至少取一张,把取出的这些卡片拼成一个正方形,能拼成几种不同的正方形?写出拼成的正方形的边长,并说说你的思路。

追问 1:怎样才能不重不漏地找出所有的可能?

追问 2:如果从准备的这些卡片中取出 17 张卡片,每种卡片至少取出一张,取出的这些卡片能拼成一个正方形吗?你是怎样思考的?

追问 3:你能从一般性的角度说明拼成正方形的卡片张数为什么是一个完全平方数吗?

5. 反思建构,从数与形走向数形结合

● **问题 5**　在今天的探究中,我们主要研究了哪些内容?你有哪些感悟?

拓展:大数学家华罗庚说:"数缺形时少直观,形少数时难入微。数形结合百般好,隔离分家万事休。"说说你对这句话的理解。

在上述案例中,教师通过"主问题 + 即时追问""主问题 + 变式问题""主问题 + 拓展问题"等多种形式设计结构性问题序列,层层深入,形成体系,既为学生自主学习指明了方向、提供了抓手,也有效促进了学生思维不断走向纵深。

2. 鼓励学生提出问题

教师应致力于营造一个学生敢于、乐于、善于提问的课堂氛围,运用多种策略,如以亲切的态度、温和的语言、友善的眼神打消学生的顾虑,通过激励的话语、明确的手势、及时的肯定激发学生的勇气,通过创设情境、鼓励优秀学生示范、引导学习困难的学生展示等方式提升学生的自信心。此外,还要打开学生提问的"话匣子",鼓励学生全员参与、全程参与,在学

习的各个环节提出问题，通过持续设问，将整个学习过程转变为一个学生积极质疑、主动探究的过程。

3. 灵活应对各类问题

面对学生提出的大量问题，教师要具备快速筛选、迅速权衡、合理分配的能力。要全面审视问题，快速判断哪些问题适合学生独立探究，哪些问题适合团队合作解决，哪些问题需要教师适度点拨。在分类的基础上，对问题进行针对性处理。例如，有的问题属于无疑而问，可以让其他学生来解决，有时可以避而不谈；有的问题源于理解偏差或认识浅层，可以安排到相应的教学环节中去纠偏、引导；有的问题体现出批判意识和质疑精神，则应充分肯定，以鼓励学生敢于发表自己的见解，同时要对学生所提问题进行合理引导，帮助学生学会合理质疑、理性批判。

学生提出的问题往往折射出他们的观念和思维。教师应对学生提问背后的观念想法和思维过程有深入的洞察，并通过追问与反思挖掘学生提问背后的思维亮点。这就要求教师不能停留于学生原始的兴趣和偏好，而要引导他们超越个人兴趣，拓宽认知视野，将短暂的兴趣转化为持久的学习动力，将临时的心愿发展为稳定的心理倾向。

作为教学对话的引导者，教师还应有意识地提升自身的话题驾驭能力，能根据教学目标和学生实际，选择富有挑战性、启发性和关联性的讨论话题，并能通过适时点拨帮助学生突破认知瓶颈、深化理解，引导学生从多角度、多层次审视问题，引发学生的深度思考。这要求教师既能准确把握学生的思维进程，又能精练、清晰地指出问题关键，引导学生自我反思、自我修正，为学生的学习探究提供持续动力，激发他们的内在学习潜能。

四　学习指导，增强自主学习的方法支持

（一）指导学生制订学习计划

"凡事预则立，不预则废。"自主学习是否有效在很大程度上取决于是否拥

有明确且科学的学习计划。制订学习计划，是学生对自身学习过程进行主动监控与调整的元认知策略，是提升学习效率、确保学习目标达成的重要环节。然而，现实中许多学生缺乏计划意识，没有养成自主规划学习的习惯，往往仅按照教师的统一安排和要求，被动地完成一个个学习任务。为有效推动学生自主学习，教师应当指导他们制订学习计划，安排和开展一天、一周、一月，乃至一个学期的学习活动，养成有计划地学习的良好习惯，以计划来激励、引导、监控、调节自己的学习生活。

需要注意的是，帮助学生养成制订学习计划的习惯，不应只是就计划谈计划，而应进行"分析现状—明确目标—制订计划—落实计划—反思调控"的闭环指导（见下表）。

对学生进行制订计划习惯养成的闭环指导

步骤	指导重点
分析现状	指导学生分析自身优势与劣势、困难点与增长点
明确目标	指导学生在分析自身现状的基础上，确立短期和长期学习目标。目标应具体、明确，如期望各学科取得怎样的进步、将着力解决哪些问题和不足等
制订计划	指导学生制订详细的行动计划，包括调整学习态度、提升时间管理能力、优化学习方法等。行动方案应具有可操作性和可行性
落实计划	督促和指导学生认真落实学习计划
反思调控	指导学生定期反思计划执行情况，调控学习行为，形成有计划、有条理的学习习惯

（二）指导学生用好学习方法

学习方法是提升学习效率、实现从"学会"到"会学"转变的方法和技巧。学习方法是后天习得的，是学生在学习过程中不断积累形成并完善的。

第一，介绍并指导学生掌握一系列适用于各学科的通用学习方法，使学生具备必需的学习技能。例如：

- 预习和复习的方法
- 学习中听看想写相结合的方法

- 阅读时在文本上勾画标注的方法
- 抓关键词和关键点的方法
- 联系已有知识和经验的方法
- 纵横勾连相关知识的方法
- 应用思维导图系统梳理知识的方法
- 将知识条理化和结构化的方法
- 笔记记录与整理的方法
- 联系生活实际进行拓展迁移的方法
- 在实践中观察与体验的方法
- 发现问题和提出问题的方法
- 运用信息技术搜索与积累资料的方法
- 反思总结和自我调控的方法

第二，针对各学科特点，为学生讲解并演示学科特有的学习方法。例如：

- **数学**　数形结合的方法
- **语文**　类文比较阅读的方法、读说写相结合的方法、古诗文识读与理解的方法
- **英语**　自然拼读法、语境对话法、语法句式比较法
- **物理、化学、地理、生物**　建构模型的方法

教师应深入研究这些方法在各自学科中的应用场景，归纳提炼本学科特色鲜明的学习方法体系，并在教学中恰当渗透、精准指导。

第三，激励学生积极探索、选择甚至创新适合自己的学习方法，支持他们在遵循一般学习规律的基础上，形成个性化的学习风格与学习策略，以适应个人学习特点，激发创造性学习潜能。

（三）指导学生掌握思维方法

任何学科教学都应承担培养学生良好思维品质、提升学生思维能力的重要职责，这也是提高学生学习能力和学业水平的关键所在。教师在教学中必须有目的地帮助学生掌握科学的思想方法和思维方法，使其不仅具备积极思考的意愿，更要学会高效、准确地思考和表达。

1. 传授哲学层面的科学思维框架

辩证思维、系统思维、历史思维和实践思维等哲学层面的思维模式，构成了人类认识世界的基本思维框架。尽管这些思想方法普遍存在于各学科之中，但在实际教学中往往容易被教师忽视。教师应将这些思想方法融入教学，用以解读知识背后的文化背景、实践意义和普遍规律，指导学生运用这些思维方法分析和解决具体问题。通过这样的训练，学生能更深入地理解和运用知识，提升思维的敏锐度。

2. 培养学科特有思维模式

每门学科都有其独特的思想方法和思维方式，如数学的逻辑推理与模型建构、物理的实验验证与理论分析、化学的物质转化与微观视角等。学科思想方法是学科知识体系的灵魂与核心，是学科研究和学习不可或缺的工具。教师应引导学生在知识理解和问题探究的过程中，提炼学科特有的思想方法和思维方式，并迁移运用这些方法来理解、整合知识，分析、解决问题。这对于持续提升学生的核心素养至关重要。

3. 强化逻辑思维基础训练

逻辑思维是人类认知世界的基石。善于运用逻辑思维方法是良好思维品质的基本要素之一。教师在组织学生开展学习活动如阅读理解、问题探讨、实践应用等时，要强调逻辑思维的基本规则，教导学生正确运用概念、判断、推理等思维形式，掌握归纳与演绎、分析与综合、抽象与概括等基本思维方法；在组织学生分析和表述问题时，要强调确保概念清晰、判断准确、推理严谨、论证有理有据，杜绝概念混淆、逻辑矛盾、表述模糊等现象。通过这样的训练，帮助学生建立起严谨、清晰、连贯的思维链条，提高其逻辑思维能力。

（四）指导学生学会学习反思

学习反思是一种具有自我审视与批判特质的高级思维活动，是学生自觉地对自己的认知结构、学习活动进行深度剖析和有效调整的思维过程。这种"对学习的学习"不仅能深化对知识的理解，也能总结、提炼有效的学习方法和策略，尤其对提升自主学习能力具有重要作用。因此，教师在教学中应有意识地预留时间和空间，引导学生主动地对学习活动、认知过程、思维方法进行反思。

一是要指导学生对所学的新知识、新方法和新思想进行批判性审视，通过深度思考和系统构建，将这些新元素纳入原有知识体系，从而更新和完善认知结构。尤其是要引导学生关注自己的思考过程，即聚焦于"我是如何思考的"这一问题进行反思，进而归纳和提炼出学科特有的思想方法，提升思维的深度和广度。

二是要指导学生对学习策略与方法进行自我探索，引导学生思考"学习是如何发生的""怎样才能取得更好的学习效果"等问题，鼓励他们从个人学习经历中总结出科学且适合自己的学习方法。要实现这一目标，教师首先应敢于放手，给学生自主学习、自我探索的机会和空间，让他们在丰富的实践体验中不断总结学习方法，并进行调整与优化；其次应加强对学生的学法指导，进行科学的理论指导与丰富的经验分享，提供优质学习策略；最后应指导学生通过自我实践探索与借鉴他人经验，逐步形成更为科学、有效的学习方法，并在后续的学习实践中持续调整、完善，最终形成个性化、高效的个人学习方法。[1]

---

[1] 张伟俊. 初中数学"促进式教学"实施策略 [J]. 江苏教育，2020（27）：17-19.

HE ZUO XUE XI DE
ZU ZHI YU SHI SHI

合作学习的
组织与实施

　　从最宽泛的意义上说，教师的教学组织可大致划分为面向全体学生的统一教学、针对学生小组的定向教学、针对学生个体的个性化教学三种。在教师进行面向全体学生的统一教学时，尽管学生个体处于同一教学环境中，但他们彼此之间的关系仍然是相互独立的。

　　从学生学习行为的视角审视，教学组织实际上构建了两种基本的学习模式——独立学习与合作学习。因此，研究合作学习或学生间的协作行为，对教学组织与教学方式的革新具有深远影响。

第一节
合作学习概述

一　合作学习的含义

　　合作学习是一种建立在合作基础上的学习，强调学生之间积极互动、共同承担学习任务、共享学习资源、互助互鉴、达成共识的学习模式。其核心特征在于学生间的协同合作与相互支持。合作学习通过创建互助合作的学习共同体，充分发挥集体智慧，促进个体在合作中深化理解、提升技能、发展社会性与情感态度，从而实现知识的共建与共享、问题的共同解决以及个体与集体的协同发展。

二　合作学习的形式

　　合作学习的形式涵盖了多种规模、组织程度及发生场景（见下表），既有面对面的直接互动，也有借助现代技术的远程协作，旨在打破传统的集体教学和班级授课模式，促进学生的知识建构、技能提升及社会性发展。

合作学习的形式

划分标准	合作学习形式
合作规模	小范围的合作，如两人或四人一组的小型合作小组
	班级、年级乃至校际以及跨区域的大规模合作
时间稳定性	临时组建以应对特定学习任务的短期合作
	为长期共同学习目标设立相对固定的合作小组的合作

划分标准	合作学习形式
组织程度	正式组织的合作，如按照教师规划和指导进行的小组合作学习活动
	非正式或自发的合作，如学生自发形成的学习互助小组
发生场景	课堂内的合作
	基于丰富的生活场景和现实需求延伸至课外的合作
媒体技术	基于面对面传统交往的合作
	基于现代信息技术的远程、实时互动与合作

三　合作学习的研究与实践

合作学习的理念研究与实践探索源远流长。早在古罗马时期，学者就认识到学生间互教互学的益处。17 世纪捷克教育家夸美纽斯认为学生不仅可以从教师的教学中获得知识，还能从其他学生的教学中获益。18 世纪初，英国的贝尔和兰卡斯特进一步将"合作学习小组"的组织方式较为正式地应用于教育实践。可以说，对合作学习行为的关注，已经从自然状态走向人为设计阶段。

19 世纪，合作学习传入美国，并在帕克和杜威等教育家的推动下，成为美国教学组织的重要形式。我国教育家陶行知在 1932 年提出并实施的"小先生制"，提倡儿童可以一边当学生，一边当"先生"——即知即传人，这是我国合作学习早期的本土实践范例。

20 世纪中期，对合作学习的研究进入活跃期，尤其是在 70 年代中期至 80 年代中期，理论与实践成果显著。这一时期，合作学习作为一种正式的教学组织形式得到深入研究与广泛应用，其理论根基深受苏联心理学家维果茨基和瑞士心理学家皮亚杰学说的影响。两位学者在各自的学术著作中均强调了"合作"在学生学习过程中的重要性。维果茨基指出，在适当的社交互动与合作学习环境下，学生能超越其独立状态下所能达到的水平，实现更高层次的认知发展。皮亚杰的建构主义学习理论则强调个体在与他人互动、合作解决问题的过程中，通过交流、协商、批判性思考，对知识进行主动建构。这些理论为合作学习的实施提供了理论支撑，强调了合作学习在促进学生高级认知技能发展、社会性情感发展及知识建构过程中的作用。

20世纪中期至80年代，苏联的教育改革在很大程度上都是围绕合作学习展开的，不仅关注合作学习在提高学生学业成绩方面的效果，更注重通过合作学习培养学生的社会性、合作精神与创新能力，取得了丰富的实践成果。美国的合作学习研究也在斯莱文、约翰逊兄弟等的努力下取得了实质性进展。他们不仅深化了合作学习的基础理论研究，还构建了一系列合作学习模型，为合作学习的实践提供了具体的操作框架与策略指导。这些模型通常包括明确的学习目标、合理的小组构成、有效的角色分工、积极的互动规则、及时的反馈评价等多个要素，旨在确保合作学习过程的高效与有序。

在我国，对合作学习的进一步关注始于20世纪80年代，初期主要集中在引进国外研究成果、进行基础理论探讨。因为合作学习在改善课堂氛围、提高学生学业成绩、培养良好心理品质等方面具有显著效果，自21世纪实施新课程改革以来，合作学习的推广与普及已成为教育改革的一大亮点，被视为新课程改革中最重要且成功的教学改革成果之一。全国各地学校纷纷将合作学习融入课堂教学，探索适合本土教育环境的合作学习模式，推动了我国教育教学方式的现代化转型。

特别提醒 ━━━━━━━━━━━━━━━━━━━━━━━━━━━━

> 自主、合作、探究式学习是新课程在教学改革层面的重要操作主张。但三者并不是在同一维度上对学习方式的描述，如探究式学习和自主学习既可以独立进行，也可以嵌入合作学习框架之中。

四　合作学习的双重价值

课程改革推行以来，合作学习在实践中虽被广泛引入，但也暴露出形式化、表面化的问题。例如，小组合作成为公开课的点缀，却未能在日常教学中成为常态化的学习方式；学生之间的合作往往简化为共同找寻答案的过程，而非深入探讨问题、合作解决问题；分组随意，缺乏明确分工与有效沟通；小组内少数学生主导讨论，掌握话语权和决定权，多数学生保持沉默，真正的合作并未发生。造成这些问题的原因，在于教师对合作学习深层价值的理解不足，导致教学设计偏离合作学习的本意。

学习的本质不仅关乎知识的掌握和任务的完成，更是一个涉及个体成长和发展的复杂过程。它既包含认知层面的建构，也包含社会层面的互动与合作。教师应全面深入理解学习的本质，以防止将学习工具化、外在化，避免对合作学习产生形式化的理解和操作。

学习既是认知建构的过程，也是社会建构的过程。合作学习之所以重要，就在于其实现了个体认知建构与社会建构的深度融合，既鲜明地将学习转变成一个社会化的活动过程，也通过个体间的交流互动深化了个体的认知程度。

特别提醒

　　评判合作学习质量的高低，不应只看学生认知性发展或社会性发展的单一维度，而应综合考察这两个方面是否都得到有效提升。认为合作学习侧重于发展学生的社会性、传统学习侧重于发展学生的认知性，这样的看法显然是偏颇的。

（一）合作学习对学生认知建构与社会建构的作用

1. 有助于学生作为主体成为学习参与者

合作学习使学生从被动接受知识的角色转变为积极参与、主动探索的学习主体。他们需要调动多种感官，全身心地投入学习过程之中，通过讨论、解释、质疑、示范等方式，亲身经历体验、感知、思考的过程。

2. 有助于推进学生的社会化进程

合作学习致力于营造一个自由、安全、尊重个体的学习环境，使学生在相互协作中体验到自我价值与尊严，建立起"相互依赖、共荣共损"的集体意识。这种学习模式打破了传统教学中仅少数人脱颖而出的局面，让每名学生在合作中实现社会化，成长为懂得尊重他人、协作共赢的社会化个体。

3. 有助于学生人际交往与学习技能的双重提升

学生在合作学习过程中，不仅要学会独立思考与理解，还要学会清晰表达、耐心倾听、有效询问、诚挚赞美、积极支持、有理说服、明智采纳意见等社交与合作技能。这些能力的习得不仅有利于当前的学习成效，更为他们在未来社会生活中自如交往、成功应对各种挑战奠定基础。

（二）组织与实施合作学习对提升教师专业素养的作用

在合作学习情境中，教师不是知识传授者的角色，而是学生学习的设计者、引导者与促进者，要关注学生的个体差异与学习需求，创设有利于合作交流的学习情境，引导学生有效合作，解决实际问题。这种角色转变有助于教师不断提升教学设计能力、课堂组织与调控能力，加强对学生成长过程的深度理解与精准支持，推动教师专业素养的实质性进步。

五 合作学习有效发生的条件

第一，明确合作目标。设定具体、可操作、核心素养导向的合作学习目标，使学生明确合作的目的与可期待的成果。

第二，合理分组。要依据学生的能力、性格、兴趣等因素，组建异质或同质小组，确保小组内部既有互补性又有竞争性。

第三，提供支持性环境。教师要创设安全、尊重、包容的课堂文化，提供必要的物质资源与技术支持，鼓励学生勇于表达、乐于分享，积极承担组内职责，参与合作。

第四，进行必要的合作技能培训。学生的合作不是天然就会顺畅、高效的，需要教师教授合作所必需的社交技巧、沟通策略、冲突解决方法等，帮助学生具备有效合作的基本素养。

第五，实施有效指导与监控。在学生进行合作学习的过程中，教师应适时介入，提供指导、答疑、调解矛盾，监控合作进程，确保合作活动沿着预期轨道进行。

第六，及时评价与反馈。教师应提前建立包含过程评价与结果评价的合作学习评价体系，与学生一起制订评价量表，让学生提前知道评价指标及标准，以终为始。在学生进行合作学习的过程中，教师还应给予个体与小组及时反馈，激励持续改进。

教师认识并内化合作学习的内涵、价值指向和有效发生的条件，对于推动教学组织方式与教学方法的革新，构建以学生为中心、注重合作与互动的学习生态具有重要意义。教师应积极倡导并实践合作学习，助力学生在合作中实现知识技能、责任态度、社会情感的全面发展。

第二节
合作学习的设计和组织

合作学习是一类教学组织方式的总称，其设计与组织涉及的要素复杂且多元。

一 总体原则：目标导向

目标导向是合作学习设计与组织的总体原则。没有清晰目标的教学设计与组织难以确保教学活动的有效性和对学生学习的实质性促进。目标为教学提供了明确的方向，使教学设计、实施、评估等各个环节均有据可依，有助于提升教学效率和学生的学习成效。

与自然交往行为不同，教学环境中的合作学习以明确的学习目标为依托，目标的不同决定了教学设计与组织形式的差异。教学组织形式的多样性源于教学目标的多元化。因此，教学组织形式本身与教学方法一样，并不存在绝对的优劣以及先进与落后之分，与教学目标匹配度最高的形式即为最佳选择。这就不难理解，在教学实践中合作学习为什么会出现普遍的形式化倾向。根本原因在于，教学组织者未能从教学目标出发设计与组织合作学习，导致合作行为流于形式，失去目标导向。

教学目标的控制总体上可分为集中式目标控制与开放式目标控制两类。

集中式目标控制要求所有学生共同达成相同的教学目标。在集中式目标控制下，如果教学任务明确且以单一知识掌握为主，同伴互助教学就是一种适用的合作学习方式。例如，让同桌互为教师，进行讲解、讨论与评价，这种简单的教学组织足以使学生通过合作完成既定的、一致的学习目标。

　　开放式目标控制允许学生通过合作学习，实现活动小组之间或个人之间达成不同的目标，形成个性化经验。在开放式目标控制下，如果教学任务为探究性学习，学生就需要以分组的方式，在明确各自分工与过程计划的基础上逐步开展学习。这类学习通常需要更长的周期、更大的活动空间和更多的支持条件。从学习活动的结果上看，各小组甚至每名学生的学习成果与体验可能各不相同。

　　在组织合作学习的过程中，教师要进行学生分组、分配学习任务、选择学习内容、安排学习过程等，所有这些都必须在清晰的目标导向下进行。这些决策应有助于实现目标的分解、细化和落实，确保教学活动的有序性和聚焦性。很多教师认为，组织学生开展合作学习最主要的困难在于缺乏教学设计与组织的相关技术或技能，但从现实的情况看，确定合作学习的学习目标和发展目标是最大的难点。"为何要组织这次合作学习？"这一问题本质上是对合作学习目标的追问。教师在设定目标时，不仅需要明确合作学习能带给学生哪些独特的学习收益，如团队协作能力、沟通技巧、问题解决能力等，还应将其与课程标准、学科核心素养、个体发展需求等紧密结合，确保合作学习的开展具有明确且深远的价值指向。

二　组建小组

（一）小组稳定性

　　目标导向是教师设计与组织合作学习的第一原则。小组的稳定性取决于学习目标与任务。在合作学习中，教师引导学生组建的合作小组可以是长期稳定的，也可以是阶段性的，或是临时性的。

　　长期稳定的小组旨在培养学生的集体精神与团队意识，使他们在紧密的团队关系中找到归属感。这样的学生小组可以稳定地保持一年甚至更长时间。班主任或任课教师都可以在班级行政小组的基础上，进一步按照异质原则将学生编入小型、稳定的小组，并尽可能多地以这一层面的小组为单位开展各类活动。这样的小组可能在整个学段中保持不变，成员间在数年的共同学习与成长中建立起紧密关系和深厚情谊，形成团结互助、共担喜忧、携手进步的集体。通常，在长期稳定的小组中，成员之间相互了解的程度更深，彼此间能建立起深厚的互助与共情关系。这样的小组经历是学生成长和人生的宝贵财富。

阶段性的小组合作常见于任课教师的学科教学中。任课教师可能在任教期间将学生编入某一阶段相对稳定的小组，以完成主题化或项目式学习任务。任务完成后，合作小组即告解散。

临时性的小组合作则用于短时间内完成特定任务，如为完成某一学习内容，教师可临时组建学习小组。这类小组通常由相邻座位的几名学生构成，特点是组织简便快捷，任务相对单一。教师有时在一节课中组织多次临时小组合作。这类小组一般不需要明确角色分配，组员角色通常相同。

（二）小组规模

合作小组的规模应根据学习任务灵活调整，人数可少至两三人，多至十几人，但一般建议小组规模保持在 4~6 人为宜。实践表明，这种规模的小组易于分工，工作效率较高，且学习管理相对便捷。小组规模过大或过小，都可能导致合作效果不佳：过大可能导致沟通难度增大，合作效率降低；过小可能限制观点交流的多样性和思维碰撞的深度。因此，教师在组建小组时，应充分考虑学习任务的性质、学生个体差异等因素，合理确定小组规模，以确保合作学习的有效开展。

（三）分组方式

合作小组的组建方式应与合作学习的目标和任务相匹配。根据任务特点，可采取以下几种分组方式。

第一，自由组合。当合作学习任务相对单一，旨在激发学生兴趣或引入小组间的对抗和竞争时，可以采用学生自由组合的方式。这种方式尤其适用于项目式、课题研究式学习。选择了相同项目或课题的学生自然构成一个合作小组。

第二，异质搭配。为实现小组之间的均衡和组内合作的互补，或者为完成基础性、阶段性乃至长期性的学习任务，合作小组应按照能力异质、男女搭配、组间实力相对均衡的原则进行组合。

第三，同质分组。为满足不同学生的学习需求，特别是进行分层教学时，可按能力同质原则组建小组，以便在同一层次内开展针对性教学。

（四）成员角色

在进行较为复杂的合作学习时，小组内部通常需要有角色分工。每个小组一般要指定或推选小组长 1 人，负责协调小组活动，确保任务有序进行；记录员 1 人，记录小组讨论内容与成果，便于后期回顾与评估。小组讨论发言人可以由小组成员轮流担任，确保每个人都有机会代表小组发表观点并为小组承担责任。

角色分配可相对固定，也可轮流更换。固定角色有利于提高小组合作效率，角色轮换则为成员提供多样化的锻炼机会。对于目标复杂、合作稳定的小组，成员角色应明确界定，确保责任分明，合作顺畅。

例如，江苏省扬州市江都区大桥高级中学采用"班级合作挺进队"的组织方式，有明确的组织架构和分工职责，师生共建班级文化，形成团结、向上、有序的学习共同体。[1]

1. 组织架构

（1）班主任根据班级人数以及学生性别、职务、成绩、特长等因素科学组建 7 支合作挺进队，每队设队长、学习组长、宣传组长、劳卫组长、文体组长各 1 人，每队聘请 1 位任课教师担任导师。

（2）合作挺进队干部可通过学生自荐、集体推选或班主任任命的方式，选择品行端正、成绩优良、有责任心、服务意识强、有团队精神、具备一定领导组织能力的学生担任。

---

① 本案例由江苏省扬州市江都区大桥高级中学提供。

2. 分工职责

（1）班主任全面负责本班合作挺进队的队伍建设、日常管理、阶段评价和学期表彰工作。

（2）导师负责受聘合作挺进队学生的思想工作，指导竞赛活动、研究性学习等，帮助学生解决学习、生活中的实际困难。

（3）队长全面负责本队成员管理工作，当好班主任的助手；组织本队干部或全体队员开展自我教育和学习活动；协调队员之间的关系，及时上报和关注本队队员加分、扣分情况；组织阶段性评比优秀队员以及期末学生表彰的推荐工作；督促队员自主学习，教育具有不良行为的队员，有权调换队员座位。

（4）学习组长、宣传组长、劳卫组长、文体组长都有相应的职责和任务，日常工作分工明确。

（5）队员应服从队长、组长的安排和管理，自觉接受分配到的各项任务；积极参加合作挺进队的各项活动，争取成绩，为队加分；遵规守纪，整理好个人物品，管好个人卫生；虚心接受他人的意见，对自己的问题和错误及时进行自我批评并改正；学会合作，乐于帮助其他队员；有集体荣誉感，共同争创"优秀合作挺进队"。

三 分配学习任务

任务分配是合作学习能否有效实施的重要因素。很多情况下，合作学习成为一种形式，往往源于教师本身未能明确发展目标或学习任务。明确且有针对性地进行合作学习的任务分配，有助于学生在合作学习过程中聚焦目标，避免合作流于表面。

（一）小组任务的安排

教师为各小组设定的学习任务可能是相同的。相同任务通常是基础性的，各小组中每位成员均要掌握并完成，旨在确保全体学生达到统一的知识或技能标准。

各小组的任务也可能是不同的。不同小组不同任务一般有两种情况。第一，全班有一个总体学习目标，各小组负责承担并完成总体任务中的不同部分。这种分工旨在通过小组间的合作，共同构建完整的知识体系或协同完成综合性项目。第二，各小组根据兴趣或特长自主选择不同的项目或课题进行探究。这种情况下，各小组的任务具有明显的个性化特征，反映出小组成员的自主性和学习需求。不同小组的任务可以包含共同部分（全班统一要求的基础内容），也可以包含各自独有的部分（小组特色项目或课题），形成既有共性又有差异的学习任务结构，既能保证全班学习的统一性，又能兼顾小组的个性化探索。

如果小组间任务相同，各组内部应确保所有成员均有在组内表达、交流和汇报的机会，以确保每名学生对共同任务的充分理解和掌握。如果各组任务各异，教师应精心设计全班交流环节，安排各小组展示并汇报各自的学习进展与成果，使全班学生通过聆听他组汇报，对总体的学习任务形成全面、一致的理解和掌握。这种全班交流不仅有助于知识的共享与互补，还能促进小组间的相互启发、学习与借鉴。

（二）个人任务的安排

在小组内部，每位成员可能承担相同的学习任务，如共同掌握某个知识点或对同一问题达成共识；也可能承担不同的任务，相互分工、协作，共同完成本组承担的任务。组长的重要职责之一是在教师指导下，根据组内同学的特点，综合考虑其个人意愿，合理分配各自的任务。

无论组内成员任务相同还是各异，小组内部均应确保每位成员有向其他同学汇报、展示、交流学习成果的机会。这样做的目的是确保每名学生不仅对自己承担的部分有深入理解，还能了解并掌握小组其他成员的工作内容，形成对全组任务的共同、一致的理解。同时，通过分享与交流，每名学生都能从其他同学的学习成果中受益，启发思维，深化认知，从而提升小组的整体学习效果。

四 安排合作过程

（一）合作学习过程安排的原则

1. 坚持目标导向

安排学生合作学习的过程，要始终坚持目标导向。不同的学习目标会直接影响合作学习各个环节的设计与实施。若目标侧重于对知识的深度理解与应用，合作活动宜采用案例研讨、问题解决等形式；若目标聚焦于提升技能、发展思维、促进团队协作，合作活动宜采用角色扮演、辩论或团队竞赛等形式。因此，教师应坚持目标导向，围绕学习目标进行活动设计和过程安排，确保合作学习活动服务于知识掌握、技能提升、价值观塑造等核心学习目标。

2. 兼顾环境与技术因素

学生所处的学习环境和条件，尤其是技术因素，对合作学习过程产生直接影响。学习场景可能是传统的教室、校内实验室，也可能是社区实践基地、线上虚拟空间等。教师应根据不同环境下的资源、交互方式、技术支持等实际情况，充分利用现有学习环境与技术条件，设计符合环境特性的合作活动，选择合作形式、互动方式以及信息交流手段等，如利用线上平台进行远程协作、利用实地资源进行实践探究等。

3. 独立学习与合作互动并重

合作学习的开展以学生具备一定独立学习能力为基础。在小组合作的不同阶段，教师应合理安排独立学习与合作互动环节，确保学生既能独立思考、自主探究，又能通过小组交流和协作互助来完成任务、解决问题，实现知识、技能、思维的互补与共享。例如，初期，学生需要独立研读材料、形成个人观点；中期，通过小组讨论、分享见解、协作互助来解决问题；后期，通过共同总结或独立思考，反思学习过程，提升知识整合与应用能力。

这样，将独立与合作兼顾安排，有助于保持学生学习的自主性，同时通过集体智慧提升学习效果，获得社会性发展。

4. 保证学生的学习主体地位

合作学习小组的构成多元，不仅包括学生，还可以吸纳教师、家长、行业专家等其他社会成员参与。教师或其他成年人的介入程度，会直接影响小组合作的组织方式、指导策略以及学习成果的评估标准。适度的外部指导可以帮助学生明确学习方向，提供专业支持，解决合作中可能出现的冲突，而过多的干预则可能削弱学生的主体地位，影响合作学习的效果。因此，教师应明确各自的角色与责任，确保成人在参与中既能提供必要指导，又不过度干预，保持学生在合作学习中的主体地位。

5. 过程管理与评价设计

合作学习在过程安排之初即应纳入过程管理与评价的设计。应设定合作学习的阶段性任务与时间节点，实施动态管理，定期评估合作效果，及时调整合作策略。评价应关注个体贡献与小组协作成效，鼓励学生自我反思与同伴互评，促进持续学习与改进。

（二）组内相同任务合作学习的组织

组内相同任务的合作学习，是指小组内部所有成员共同完成同一学习任务，经历相似的学习过程。这类学习特别适合学科基本教学任务，旨在确保全体学生对知识达到一致的理解与掌握。此类合作学习可按照课前独立学习、课中小组活动、课后成果分享和巩固的过程来安排与组织，兼顾个体自主学习与团队协作。

1. 课前阶段：独立学习与自主反馈

此阶段以学生独立自主学习为主。学生可依托教材、在线学习平台等资源，自主完成自学、自测、反馈。自学环节，学生独立研读教材、观看教学视频、查阅参考资料，形成初步知识框架；自测环节，通过完成配套练习、自我检测题目，检验对知识的理解与应用能力；反馈阶段，通过在线平台提交自测结果或进行自判，获取即时反馈，对知识盲点与理解误区进行自查自纠，为后续合作学习做好准备。

2. 课中阶段：集中教学与小组讨论

课中，教师进行面向全班的集中教学，讲解重点难点，解答共性问题。同时，安排小组内部的合作学习活动，主要形式为"个人汇报—小组讨论—形成小组共识"。

个人汇报是促进学生达成学习目标的重要环节。每名学生在组内汇报课前自学成果，展示理解程度与思考深度，既能对其课前学习形成督促，也有助于借助小组力量提升个体学习质量。当小组成员在知识理解与掌握上出现分歧或困难时，可以采用小组讨论的形式集思广益，共同解决问题。对于学习有困难的学生，小组讨论为其提供了获得同伴帮助、深化理解的机会。最后，需要形成小组共识。无论是否需要向全班汇报，小组内部形成统一意见的过程至关重要。这一过程不仅有助于澄清分歧，达成共识，还有利于增强组员间的认同感，培养团队精神。

3. 课后阶段：学习成果分享与巩固提升

课后，教师可以组织学生进行成果发布与互评，鼓励小组成员在课后向本组或其他小组发布学习成果，进行组内及组间互评，通过反馈与交流进一步深化理解，提升批判性思维与沟通能力；布置拓展阅读、专题研究、实践应用等任务，鼓励学生进行延伸学习与巩固，将所学知识与技能融入日常生活或未来学习中，实现知识的内化与迁移。

（三）组间相同任务合作学习的组织

组间相同任务的合作学习，是不同小组完成相同的任务、小组内部成员可能承担相同或不同的任务，具有组间任务一致性、组内任务分配多样性、合作与竞争并存的特点。

不同小组被分配相同的任务，即每个小组都要完成相同的学业内容或解决相同的问题。虽然组间任务相同，但小组内部成员的具体任务可能存在差异。这种差异源于角色分工（如组长、记录员、汇报员等）、任务细分（如小组成员分别负责任务的不同部分）或个人特长与兴趣的发挥（如依据学生优势分配任务）等。

由于各小组任务相同，小组间的完成情况可以进行横向比较，易对学生形成合作与竞争的双重动力。一方面，小组内部需要紧密合作以高效完成任务；另一方面，小组之间在完成速度、质量、创新性等方面存在潜在竞争，可以激发学生的学习积极性。

组间相同任务的合作学习在课堂教学实践中运用较多，可以在任何学段开展，适用于学习任务较为单一的课堂教学活动。具体的合作学习过程安排如下。

1. 合作准备

一是明确学习目标。教师向全体学生阐明本次合作学习的具体目标，确保学生对学习任务有清晰的认识。

二是创建学习小组。学生按照"组内异质、组间同质"的原则进行分组，成员的性别、学习能力、性格特点、兴趣特长等应有差异，以实现小组内部互补互助、小组之间保持竞争与合作的平衡。

三是准备学习材料。教师应为每个小组提供完成学习任务所需要的学习材料与资源，确保合作学习顺利进行。

2. 小组合作学习

首先，小组内部进行任务分工，明确每位成员的角色与责任，确保合作学习中每位成员都有明确的任务。然后，小组成员依据分工进行独立或合作学习，完成各自任务。最后，组内进行交流与汇总，小组成员分享个人学习成果，通过讨论、质疑、答疑等方式，整合小组学习成果，形成小组共识。

在全班学生进行小组合作学习时，教师应观察、倾听、介入、分享，适时参与学生的学习过程，在保证学生学习主体地位的基础上，做好引导工作。

3. 全班总结与评价

各小组选派代表向全班汇报小组合作成果，其他小组成员可进行补充或提问。之后教师进行总结、指导与评价，对各小组的汇报进行点评，提炼关键知识点，指出存在的问题，提出改进建议，同时对全班合作学习情况进行总结，引导学生反思与提升。

尽管组间相同任务的合作学习在课堂教学中被广泛使用，但教师常面临一个核心问题：在小组学习过程中，往往只有少数学生积极参与，学习仍然只发生在少数学生身上，多数学生并未真正融入学习过程。

如何促使每名学生都参与合作过程，进入学习状态？为解决这一问题，应关注以下几点。

1. 合理分组

在教学实践中，教师通常将同桌的 2 名学生或前后 4 名学生组合成学习小组，这种方法简便易行，但往往不能保证合作学习的有效性。实践证明，若非分层教学，一般按照"组内异质、组间同质"的原则进行分组，有利于合作学习的开展，这样的分组能确保小组内部成员差异互补，小组间实力均衡，有利于合作与竞争的良性互动。小组成员在学习水平、能力、性格、特长等方面有所差异，形成互补，还能使每位成员都有可能在某个方面成为小组的"专家"，增强其在团队中的价值感。

同时，要控制小组规模，每组人数不宜过多，通常以 4~6 人为宜，以保证每位成员都有充分发言和参与的机会。

2. 明确角色与任务

没有分工，就不会有真正的合作。教师应明确小组内部的具体角色与任务分工，明确各自的职责，促使成员间相互依赖，激发个体责任感，这是保证合作学习有效开展的关键。同时，要将小组任务细化为可操作的小任务，确保每名学生都有具体的任务，并承担相应的责任。

3. 引导互动与合作

学生不是天生就会合作的。教师应对学生的合作学习过程进行指导和引导，制订小组讨论的规则，如轮流发言、尊重他人意见、积极倾听等，确保每名学生都有机会表达观点和质疑；要对学生进行必要的培训，教给学生有效的合作技巧和策略，如头脑风暴、角色扮演、问题解决模型等，帮助他们学会有效地与他人合作。

4. 过程监控与干预

教师应定期巡视各小组，观察学生的参与和融入情况，及时发现问题并予以干预，如提醒沉默的学生发言、调解冲突等，还可以鼓励小组成员互相评价彼此的参与程度，通过同伴压力促使所有成员积极参与。

5. 评价与激励机制

合作学习的评价应注重激发学生个人责任感，维护团体信赖感，避免使用可能削弱团体信赖感和个人责任感的总结与评价方式。

特别提醒

> 要减少可能引发学生负面学习行为的评价方式，如仅由小组代表发言，然后教师对小组学习成果进行整体性点评和总结，或者仅以小组为单位提交一份学习成果，然后教师据此进行评价。这类评价方法可能导致部分学生消极参与合作学习活动，依赖他人，不利于培养其责任感，同时也不利于体现积极参与者的团队贡献度。

评价不仅应关注小组的整体成果，也要关注每位成员的个人表现，包括其在小组讨论中的贡献、解决问题的能力、合作态度等。若必须采用小组集体提交成果的方式，教师在评价时不应仅依据这一份材料对整个小组的合作学习进行判断。可引入附加分或参考分机制，如随机抽取小组中一名成员对本组提交成果进行说明或解释，以确保每位成员对所学内容有深入理解，并对小组成果负有个人责任。

也可以改集体提交为随机抽取评价，要求每位成员依据组内达成的小组共识独立形成学习成果，教师再随机抽取一份作为全组评价依据，以此促使每名学生都须全力以赴，积极参与、深度学习，共同为小组成果贡献力量，同时避免个别学生"搭便车"的现象，增强评价的公正性和激励性。

除了教师评价，也可引入小组互评、自我评价等多元评价方式，要让学生意识到自己的参与度直接影响小组成绩和个人得分。还可设置小组奖励和个人奖励，对积极参与和贡献突出的学生给予表扬、加分或其他形式的激励，激发学生主动参与的动力。

（四）两次分组合作学习的组织

两次分组合作学习是对前两类分组模式的拓展和补充，适用于任务较复杂但要求每名学生共同掌握核心内容的学习情境。其最大特点在于组织两次小组合作学习，旨在充分利用合作优势，确保学生对学习内容的深入、全面、均衡掌握。

假设全班有 6 个固定小组，每组有 6 名学生。以下是两次分组合作学习的过程安排。

1. 第一次分组

（1）模式 1：组内相同任务。教师将一个较大的教学任务按全班 6 个小组（组 A、组 B、组 C、组 D、组 E、组 F）分解为 6 个子任务（任务①、任务②、任务③、任务④、任务⑤、任务⑥），并配备相应学习材料。每个小组负责完成一个子任务，如组 A 任务①、组 B 任务②……。虽然组间任务不同，但组内小组成员共同深入研究同一部分内容，完成同一任务，有利于对特定知识点的深入探讨与理解，但可能牺牲学习内容的广度。

（2）模式 2：组内不同任务。教师将一个较大的教学任务按每组 6 名学生（生 A、生 B、生 C、生 D、生 E、生 F）分解为 6 个子任务（任务①、任务②、任务③、任务④、任务⑤、任务⑥），并配备相应学习材料。每个小组承担全部子任务的学习，组内每名学生分别负责一个子任务，如生 A 任务①、生 B 任务②……。虽然组间任务相同，但组内每人负责的任务不同，学生可以投入更多的时间和精力进行独立学习，能接触到更广泛的内容，但可能牺牲对单个知识点的深度探究。

2. 第二次分组

在首次分组学习完成后，全班学生进行第二次重新组合。具体操作为将 6 个小组中相同编号的学生集结为新的小组。在新小组中，若第一次分组采用的是模式 1，则第二次宜采用模式 2，使学生接触到新的内容；反之，若第一次分组采用的是模式 2，则第二次宜采用模式 1，使学生对某一内容有更深入的理解和掌握。

第二次分组可以在发挥第一次分组优势（如深入学习、广泛涉猎）的基础上，弥补其不足（如内容深度、广度的局限），使全班学生对学习内容的掌握更加深入、全面、均衡。同时，通过两次分组，学生经历不同的合作方式，不仅促进了知识的交叉与融合，提升整体学习效果，而且锻炼了学生的沟通协作与信息整合能力，更有助于其社会性的发展。

（五）组内、组间不同任务合作学习的组织

组内、组间不同任务的合作学习适用于项目式学习、课题研究式学习或操作体验式学习。这种模式下，不同小组以及组内成员均须完成不同的任务，通过组内和组间的分工合作，共同完成复杂的项目或课题。

1. 确定项目或课题

小组成员通过讨论交流，共同确定本组要研究的项目或课题，这一环节也被称为"选题"。小组选题的范围要与全班总体学习目标相关，致力于完成整体任务，又能体现并尊重学生的兴趣与选择。

2. 计划与分工

一个复杂的项目或课题的完成通常会经历较长的学习过程，小组要对这一过程进行详细规划，包括项目目标、主要步骤、时间节点及分段目标等，形成清晰的项目计划书。根据项目计划，明确每位成员在不同阶段应承担的具体任务，确保任务分配的合理性与公平性，充分调动成员的积极性，发挥其优势和特长。

3. 实施计划

小组成员按照各自分工，独立或协作完成相应任务。这一阶段可能涉及文献查阅、数据收集、实验操作、资料整理等工作，形成初步的学习成果。

4. 交流与汇总

定期组织小组内部会议，成员汇报各自的任务进展、初步成果及遇到的问题，集体讨论并调整下一步行动计划。根据交流讨论结果，对小组成员的阶段性成果进行整合，形成初步的项目或课题成果集。

5. 形成全组报告或成果

根据项目或课题的研究内容，编写全组课题研究报告或形成项目实施成果，通常以文字报告、图表、图片、视频、实物模型等形式呈现。

6. 展示与总结

一是进行成果展示。在全班、全校或更大范围内公开呈现全组的报告或成果，通过讲解、演示、互动等方式，让观众了解项目的全过程与重要发现。

二是组织评价与总结。对项目实施过程、每位成员的努力与贡献进行公正评价，总结经验教训，对个人成长与团队协作进行反思，为后续类似活动提供借鉴。

总的来说，组内、组间不同任务的合作学习能促使学生在分工合作中完成复杂的学习任务，提升问题解决、团队协作、自主学习等能力。这种模式特别适用于需要深度探究、实践操作、跨学科整合的学习内容，但对于学科基本内容的掌握则不太适用。在实际操作中，教师应根据具体项目或课题的特点灵活调整各环节，确保教学活动的有效性与针对性。

（六）混合式合作学习的组织

混合式合作学习是在现代信息技术和线上教学背景下，学生在混合学习环境中进行合作学习的一种新型教学组织形式。现代信息技术的发展大大拓展了学习的时空，也使教学组织方式发生了很大变化。

混合式合作学习与学生独立的混合式学习相对应，既保留了传统小组合作学习的特点，又因时空范围的拓展呈现出独特优势，同时也有一些天然的不足。

- **规模与对象拓展** 借助网络，合作小组规模可突破传统 4~6 人的限制，合作对象不受空间约束，可包含不同班级、不同年级、不同学校乃至不同地区的学生。

- **沟通方式多样化** 利用现代信息技术，学生可通过网络进行大量信息的表达与交流，突破了面对面交流的物理限制。

- **指导者角色多元化** 合作学习的指导者可以是本班、本校教师，也可以是社区成员，角色更加灵活多元。

- **资源获取丰富化** 学生学习资源来源广泛，不再局限于纸质材料，可充分利用网络资源进行学习。

- **情感与责任感面临挑战** 由于缺乏面对面沟通，小组成员间的情感连接和成员个体的责任感形成等非知识目标可能较难实现。

混合式合作学习结合了线上、线下混合学习的灵活性与小组合作学习的优势，通过网络与数字化技术打破时空限制，有利于实现大规模、多元化的学习合作。在实践中，教师应根据具体的学习任务灵活组建宽松型或紧密型的合作小组，并重视小组成员的分工与职责划分，以确保合作学习的有效进行。同时，要注意应对线上合作的情感连接受阻与责任感缺失等问题，以提升学习效果，促进学生的社会性发展。

1. 宽松型混合式合作学习

宽松型混合式合作学习适用于完成相对开放的学习任务。小组成员的职责可能相互平行，不一定有严格的分工，更强调成员间的平等交流与合作。学生可通过学习讲坛、微信群等，围绕特定或非特定任务进行交流、资源共享、成果发布。如果要使宽松型混合式合作学习取得比较集中的效果，教师就要对学习过程进行清晰设计和安排，如"确定主题—收集与分析资源、材料和案例—小组讨论—成果发布与传播—自评与他评"等。

2. 紧密型混合式合作学习

紧密型混合式合作学习适用于完成明确、特定的学习任务。小组成员分工与传统合作学习一致，有明确的角色分工和任务分配，成员之间关系稳定、交流立体丰富、归属感强。一般来说，学科教师为将学生的学习拓展延伸至课堂之外，可以采用这种形式组织学生开展合作学习。紧密型混合式合作学习的过程可以设计为线上、线下相结合的形式，如"线上预习讨论与材料收集—课堂分享—课后线上讨论—成果发布—线上、线下结合进行评价反思"等。

五　做好学习评价

评价在小组合作学习中具有重要作用。通过评价引导学生反思学习过程、监控学习进展、调整学习策略，旨在促进学生的学习和发展，而非简单地对学生进行甄别、筛选和优劣区分。评价不仅可以衡量学生的学习成果，更在合作学习过程中起到引导、激励与反馈作用，影响着小组合作的有效性。

在实践中，评价的甄别、筛选功能被过度放大，导致评价过度关注学生之间、小组之间的排名与竞争，忽视了对小组合作过程中学生个体的参与度、贡献度及其情感与态度的关注和支持。

（一）遵循评价的一般要求

教师应树立以学生发展为中心的评价观，将评价视为促进学生学习和成长、提升合作学习效果的工具，而非仅仅用于对学生和小组进行分类、选拔。要引入多元评价主体，整合学生的自我评价、同伴互评、教师评价及家长评价，形成多元、立体的评价体系，使评价更全面、客观地反映学生的学习过程和合作状态。要兼顾过程与结果，评价内容应同时关注学生的参与度、合作态度、问题解决策略等合作过程，以及知识掌握程度、技能熟练度、创新能力发展、思维进阶等学习结果，实现过程与结果的统一评价。要创新评价方式，可以采用成长档案袋、表现性评价、学习日志等多样化的评价方式，记录学生的成长过程，全面展现其在合作学习中的多方面表现，同时结合量化评价（如分数、等级）与质性评价（如评语、建议），提供更丰富、深入的反馈信息，既反映学生的学习结果，又体现其学习态度、合作能力等综合素养。

（二）关注合作学习评价的特殊要求

1. 评价对象坚持以小组为单位

坚持以小组为评价单位是合作学习评价的最重要原则，是保证学生形成集体归属感与责任感的前提。即使在评价结果呈现时涉及对学生个人的评价，也要把小组的整体表现作为考量因素之一。例如，在班级管理中，如果把学生编入不同的小组且鼓励小组之间的竞争，那么，评价时就要在呈现每名学生表现的同时，兼顾学生个人表现与小组整体成绩（见下表），将小组的表现作为考核变量。

_____班_____周量化考核表（样例）

组名	姓名	作业	课堂	纪律	品行	卫生	活动	其他	小组
_____组									
_____组									
_____组									

2. 评价核心是学习目标的达成

小组评价要体现目标性。开展小组合作学习的目的是完成某项任务或教学目标，小组评价应聚焦教学任务或目标的完成情况。只有这样，评价重心才能从激励个人竞争达成目标，转变为激励小组合作达成目标。

3. 关注个体对小组的贡献

在小组内部，我们也要对每位成员进行评价，主要关注学生个体对小组的贡献，如积极参与活动、主动表达观点和见解、主动承担额外工作等。可以将学生的这些表现记录下来，形成个人评价，而将小组合作学习的成果视为每位成员的共同成果，实现小组成果共享。

4. 关注学生多方面的进步情况

组织合作学习，不仅是为了学生的学业发展，更是为了学生的社会化成长，以期学生取得学业之外的多方面的进步。所以，合作学习的评价也应涵盖学生学业之外的社会化发展，如合作意识、合作能力、情绪管理、兴趣培养、学习习惯等，这些对学生的全面发展至关重要。

5. 对成员个体的评价应由集体做出

在合作学习中，对成员个体的评价应包括自评与小组成员互评。由于小组成员之间彼此更加了解，在合作过程中易产生合作情感，成员之间的意见也更具影响力，有助于个人接受并改进。

第三节
合作行为的指导与养成

良好的合作行为既是合作学习顺利开展的重要条件，也是合作学习期望达成的教学目标之一。学生良好的合作行为和习惯不是天然形成的，需要教师有针对性地进行指导和培养，并营造有助于学生形成良好合作行为的环境。

一 改变学习的空间形式

教师可通过调整座位布局、优化教室和校园空间、建设网络环境，为学生提供适合合作学习的物理与虚拟空间，这是培养良好合作行为与习惯、有效开展合作学习的重要前提。

（一）调整座位布局

在传统的教室中，学生很少有合作行为，一个很重要的原因是课堂的空间形式不利于合作。秧田式的座位布局是以教师为中心的空间结构安排，限制了学生间的互动与合作。小组合作学习强调学生间的互动交流，学生能够自由移动、能进行眼神交流与言语沟通，这是合作的显性表现。以下三种座位布局有利于支持学生合作行为的产生。

- **会晤型** 学生面对面而坐，适用于 2 人或 4 人的学习小组。
- **马蹄型** 学生分坐马蹄形空间的三边，开口朝前，适用于 3~6 人的学习小组。
- **圆桌型** 学生围坐椭圆形空间四周，适用于 10 人左右或更大规模的学习小组。

（二）优化教室和校园空间

当前，我国中小学教室的面积与布局整体上不利于开展自由合作学习，如面积狭小，仅能摆放课桌，缺乏供学生交流与活动的特定区域。有条件的学校可借鉴幼儿园环境布局，在教室边缘增设交流、合作与活动的区域及设施。

在教室空间结构短期内难以大幅度调整的情况下，优化校园公共空间布局尤为重要。例如，不少学校在打造书香校园时，会利用走廊、楼间连接部等公共区域为学生提供活动场所。此外，设置多样化的专用教室，如创新实验室、阅读角、研讨室等，有利于促进学生学习方式的多样化。

（三）建设网络环境

现代信息技术的发展深刻影响着学生的学习方式与合作模式，使即时、便捷、泛在的学习、合作与交流成为可能。在教室空间形式难以迅速改变的情况下，教师可充分利用教室、学校、家庭、社区的网络环境，推动线上、线下相结合的合作学习与互动交流。例如，搭建在线学习平台，支持小组在线协作，提供丰富的数字化学习资源，鼓励学生利用社交媒体、即时通信工具等进行远程合作学习。

二　增强学生个体的责任意识

确保合作学习任务的全面完成需要每位成员的共同努力。学生既要学会"给予"——对小组做出贡献，也要学会"索取"——分享他人的学习成果。为有效开展合作学习，激发学生的学习责任感，有必要对学生进行责任教育。这不仅关乎学习效率，更是为了学生个体的健康成长，促进其社会化进程。

（一）责任教育内容

责任教育内容有以下方面。

（1）帮助学生形成学习心向，培养学习动机与积极态度。

（2）强调每位成员对共同任务的明确责任与角色定位，指导学生完成合作过程中的任务分工，使学生理解个人在团队中的作用，明白自己对团队目标的贡献，学会在合作中承担起应有的责任。

（3）强调团队协作中的公平公正，引导学生欣赏并学习同伴的优点、倾听并尊重他人的意见和观点、接纳他人成果。

（4）引导学生在讨论、争论中保持开放心态，学会理性分析、批判思考，避免盲目否定或排斥他人观点。

（二）责任教育方式

责任教育方式主要有以下四种。

（1）集体教育。可定期举办主题讲座、研讨会或班会，围绕个人责任教育的相关主题进行集体讨论与分享，引导学生深入理解责任意识的重要性，明确个人在团队中的责任定位。

（2）专题实践活动。可设计各类实践活动，如小组课题研究、社区服务、角色扮演等，让学生在实际操作中体验责任的履行过程，感受责任对个人成长与团队合作的影响，增强责任感的内化。

（3）示范演示。在日常教学中以身作则，展示负责任的行为模式，如严谨治学、尊重学生、公正评价等，为学生树立榜样。同时，鼓励学生观察、模仿教师及其他负责任的行为典范，引导学生通过模仿学习逐步形成良好的责任行为习惯。

（4）针对个体进行个别辅导。可针对个别学生在责任意识与合作行为方面存在的问题，进行一对一的辅导与指导，通过谈话、咨询、反馈等方式，帮助学生认清问题，调整态度，增强责任意识，改进行为表现。

三 培养合作行为习惯

小组合作学习的有效开展，离不开对学生合作能力的专项培养，培养的核心是帮助学生形成良好的合作行为习惯。例如，面对表述不清的学生，若有人回应"算了吧，你自己都不知道要讲什么"，这种消极互动无疑会阻碍合作进程。反之，若有人提出"你刚才的话我不太明白，能否请你详细说明一下"，则能推动有效沟通与理解。由此可见，学生具备良好的合作行为习惯对合作学习的顺利开展至关重要。

（一）培养良好的倾听习惯

倾听即专心、细致地听取他人的观点表达。合作学习要求学生能够专注且有耐心地聆听其他同学的发言，这是合作交流的基础。教师应着力培养学生良好的倾听习惯，避免学习过程中出现抢话和干扰他人发言等情况。

（1）指导学生专心去听他人发言。要求学生在他人发言时，保持眼神接触，以微笑、点头等积极姿态回应，形成良好的互动氛围。

（2）指导学生努力听懂他人的发言。鼓励学生边听边思考，记录要点，并对他人的发言形成自己的理解。

（3）指导学生尊重他人的发言。教育学生不随意打断他人发言，有异议时待对方说完后再提出；提问或请求解释时，使用礼貌用语。

（4）指导学生同理倾听，学会体察。引导学生尝试站在对方立场思考问题，理解并体谅他人的观点与感受。

（二）培养良好的表达习惯

即使学生具备合作意愿并能面对面进行交流，合作学习的开展仍可能不顺利，一个重要的原因是学生表达能力不足，不能充分地表达自己的观点和意见。表达是指借助语言或其他辅助形式，向他人陈述观点、分享信息、解答问题等。学生的表达能力直接影响合作学习的效果。

（1）培养学生养成在发言前先准备的习惯。要求学生在发言前认真思考，能够围绕主题有条理地进行表述，必要时可提前做提纲式的书面准备。

（2）培养学生解释说明的能力。鼓励学生在阐述结论或成果时，提供充分的解释和说明，以增进他人理解。实践证明，提供详尽解释的效果远胜于简单的信息传达。

（3）指导学生运用辅助手段提升口语效果。针对学生可能出现的表达不清、词不达意等问题，教师应指导他们借助面部表情、肢体语言、图表演示或角色扮演等手段，弥补口语表达的不足，提高信息传递的清晰度与吸引力。

（三）培养良好的支持与补充的习惯

在合作学习的过程中，小组成员之间应相互鼓励、支持并能进一步补充、完善彼此的观点。学生往往缺乏这方面的意识。教师应帮助学生学会对他人的意见和观点表示肯定、支持，并能进行有效补充和完善。可教导学生运用口头语言表示支持，如用"你的想法很好！""这个观点很有意思！""很棒，请继续往下说！"等鼓舞人心的话语，积极肯定同伴的观点；或运用体态语言表示肯定，如通过点头、微笑、眼神以及竖大拇指、击掌等非言语方式，向同伴传递鼓励与赞许；或在肯定他人观点的基础上，能够清晰复述并进一步丰富和完善他人的意见，促进信息的深度交流与理解。

（四）培养积极求助与乐于帮助的习惯

合作学习中，信息交流与任务完成主要依赖于学生间的互助协作。教师应培养学生养成积极求助与乐于帮助的行为习惯。

（1）鼓励学生主动求助，教导学生在学习遇到困难时，要敢于并善于向同学请教，能清晰表达自己的疑惑之处。

（2）规范学生的求助礼仪，要求学生在求助时使用礼貌用语，以商量的口吻询问，接受别人帮助后表达感谢，形成良好的求助文化。

（3）培养学生乐于助人的精神，鼓励学生关心他人，主动向有需要的同学提供帮助，做到热情、耐心、有价值，营造互助合作的团队氛围。

（五）培养良好的建议与接纳的习惯

提出建设性建议并能接纳不同观点是提升合作效率的关键。教师应帮助学生克服"从众心理"，培养批判性思维，同时接纳同伴提出的合理意见。

（1）培养学生独立思考与大胆建议的习惯，要求学生有礼貌地提出与他人的不同见解，促进观点的碰撞与创新。

（2）培养学生虚心接纳与反思修正的习惯，要求学生善于倾听，虚心接受他人意见，反思并修正自己的观点，不断提升思维的深度与广度。

（3）培养学生勇于认错与支持他人的习惯，鼓励学生勇于承认自己的错误，同时能够尊重并支持与自己意见不同甚至对立的同学的正确观点，培养开阔的胸襟与包容精神。

培养学生良好的合作行为习惯是一项持久而细致的工作，需要教师从日常教学点滴做起，以身作则，通过持续引导与示范，帮助学生逐步形成积极倾听、有效表达、互相支持、乐于求助与提供帮助、善于建议与接纳的良好行为习惯，为实现高效合作学习奠定基础。

XIANG MU SHI XUE XI DE
ZU ZHI YU SHI SHI

项目式学习的
组织与实施

当前，我国基础教育课程改革步入新的历史阶段，以发展学生核心素养为目标，全面构建与优化基础教育课程体系。目标的革新，必然呼唤教学手段的同步变革。培养学生的核心素养，不仅关乎教学内容的选择与更新，更是一场以学习方式与教学模式转型为支撑的系统性变革。

要真正实现学习方式与教学模式的转变，就必须深刻理解"人是如何学习的"这一本质性问题，回归学习的本质。学习不是简单地将外界知识填充入脑，而是学习者在持续的自我发现问题、自主解决问题的过程中，探索世界、认识自我、锤炼理性的过程。在这个过程中，学习者既能对客观世界进行深度探究，又能实现对自身精神世界的构建，这正是学习的深层价值所在。项目式学习（project-based learning，PBL），正是践行这一学习本质的有效途径之一。

第一节
项目式学习概述

项目式学习作为一种以学生为中心、以问题解决为导向、以真实情境为载体的学习模式，旨在让学生通过参与一系列有目标、有计划、有步骤的项目活动，促使他们在主动探究、协作交流、反思评价的过程中，提升知识应用能力、问题解决能力、创新思维能力及跨学科素养，从而实现核心素养的全面发展。

一　项目式学习的含义

项目式学习即"基于项目的学习"，这一概念最早由美国教育家杜威的学生克伯屈于 1918 年发表的《项目（设计）教学法：在教育过程中有目的活动的应用》一文中提出。克伯屈认为知识只能通过行动获得，而项目式学习是让学生通过实际行动去学习。他的设计教学法继承并具体化了杜威的实用主义教育思想，尤其是"问题解决法"和"做中学"的思想，同时也体现了桑代克的联结主义学习理论，认为学习的实质在于形成"刺激—反应"联结。

巴克教育研究所在《项目教学教师指南》中指出，项目教学是指学生通过完成与真实生活紧密相关的项目进行学习，旨在最大化利用学习资源，使学生经历实践体验、内化吸收、探索创新的过程，从而获得较为完整而具体的知识，形成专门的技能，并实现个体成长。

在项目式学习中，教师以"项目"为教学载体，为学生构建一个与现实紧密相连、动态开放的探究平台。教师依据教学目标与教学进程，引导学生在真实情境中发现问题、解决问题，并在解决问题的过程中发现新问题，激发并保持学生的学习热情，引导他们探究、体验包括学科知识在内的外部世界。学生在教师提供的探究实践平台上，深度参与、批判思考，对自身的学习活动、学习环境、学习情感、学习信念等进行持续的反思、探究与改进，主动获取知识、应用知识，实现知识的内化、技能的提升与兴趣的激发，提升学习自主性与学习深度。

二　项目式学习的独特价值

1. 提升学生的学习能力

项目式学习聚焦于让学生在对现实世界真实问题的持续探索的过程中提升学习能力。它倡导学生在对外部世界的接触与研究中，不断提出疑问、反思现有认知、内化新知识，并将其融入个人知识体系，最终形成能够适应时代需求的学习能力和问题解决能力。这一过程强调实践性、互动性和反思性，有助于培养学生独立思考、批判分析、协作沟通等能力，使他们在面对复杂挑战时能灵活运用所学，进行创新性应对。

2. 发展教师的教育能力

项目式学习不仅有利于学生学习能力的培养，也有利于教师教育能力的提升。理解教育本质、探索教育规律、掌握解决教育问题的方法，需要教师在实践中反复试错、反思调整、创新迭代。项目式学习为教师提供了这样的平台，使其在组织和指导学生进行以问题为导向的学习、探究方法训练、创新思维激发和探究能力提升的过程中，不断提升自身的教学设计能力、教学实施能力、评价反馈能力和持续专业发展能力。教师在项目教学中扮演引导者、合作者和学习者的多重角色，这有助于他们更新教育观念、丰富教学策略、提高教学能力，从而整体提高教育素养。

3. 培养创新型人才

针对我国教育体系中创新教育相对薄弱的问题，尽管课程改革在理念、内容和形式上有所突破，但传统教育观念和理论的强大惯性仍然制约着创新教育的深入实施和创新能力的有效培养。项目式学习以具体项目为依托，鼓励学生以开放的心态和广阔的视角审视问题，探寻事物背后的规律，寻找创新解决方案，并用科学、系统的方式进行表达。这种学习模式强调实践操作、跨学科整合、团队协作和成果展示，有利于激发学生的创新意识、锻炼创新思维、提升创新能力，促进其成长为适应未来社会需要的创新型人才。

4. 丰富学生的精神内核

在项目式学习的过程中，学生不再只是学科知识的复制者，而是充满活力与好奇心的探索者，教师也不再局限于单一的知识传授者角色，而要转变为富有启发性与创新精神的引导者。项目式学习通过构建与现实生活、学科知识及全球议题紧密关联的情境，为学生提供深度参与和具身体验的机会，激发学生对世界的好奇心与求知欲，促使他们更加积极、专注、自由且富有创新地投入对世界的认知与改造中。这一过程不仅提升了学生对知识的理解与应用能力，更促进了他们的情感态度、价值观、审美观等精神层面的全面发展，帮助他们建立起与自我、他人、社会、自然和谐相处的精神家园，实现知识技能与人文素养的双重提升。

三　项目式学习的主要特征

1. 真实情境

项目式学习的核心特征之一是根植于真实世界，强调要为学生创建与现实生活紧密关联、富有意义且具有一定挑战性的学习环境。这些情境可以模拟现实工作场景、社区问题、科学研究课题或其他具有社会价值的实际问题，旨在激发学生内在的学习兴趣和主动性。在这样的背景下，学生探究实践和解决问题的欲望会被激发，有利于其积极参与项目，综合利用各种资源协同解决项目中涉及的复杂任务。最终，他们产出的成果不仅是一个学术或艺术作品，更是一个可应用于现实、产生实际影响的解决方案或产品，实现知识向实践的转化。

2. 任务驱动

项目式学习以一个或一组驱动性任务为核心，这些任务通常具有明确的目标、时间框架和预期产出。学生要运用已有的知识储备、技能和探究方法来应对完成任务过程中遇到的问题，通过解决问题、完成任务来推动学习进程。在这个过程中，学生不是被动接收信息，而是主动寻求知识、建构新概念、拓展知识体系，并通过实践、反思、体悟，将学习与自身的个性化成长紧密相连。任务驱动的特性确保了学习具有明确的目的性和方向性，同时也促进了深度学习的实现和高阶思维的发展。

3. 多学科交叉

项目式学习的主题往往源于现实生活中复杂的、多维度的问题，这些问题的解决通常无法仅依赖单一学科的知识。因此，项目式学习特别强调跨学科知识的融合与应用。学生在项目进程中要综合运用数学、科学、文学、历史、艺术等多个领域的知识，以及信息技术、沟通技巧、项目管理等多种技能，以全面、立体地分析问题，提出创新解决方案。这种多学科交叉的特性不仅有助于学生建立跨学科视角，提升知识和技能的迁移能力，也有利于培养他们应对未来社会复杂问题所需要的综合素养。

4. 团队合作

项目式学习中的项目通常规模较大、任务复杂，需要集合具有不同专长和视角的学生共同完成。项目式学习强调团队的组建。团队成员要明确各自的角色和职责，学会有效沟通、协调分歧、共享资源，共同面对挑战并解决问题，最终共享项目成果。学生通过团队合作，不仅能锻炼合作精神、领导能力、谈判技巧等社交能力，还能学会尊重差异、欣赏他人优点，以及在集体智慧中发挥个人作用，这对于培养21世纪所需要的协作与创新能力至关重要。

5. 社会化

项目式学习打破了传统课堂的封闭性，强调与社会的紧密连接。它鼓励学生走出校门，与社区、企业、政府部门等社会各界进行互动，将学习延伸至真实的社会情境中。项目可能直接服务于社区需求、回应社会热点议题，甚至产生直接的社会效益。此外，项目式学习过程中的成果展示、公众反馈、专家评审等活动，进一步强化了学习的社会化属性，使学生在实践中了解社会运作机制，提升公民意识和社会责任感。这种社会化特点有助于学生更好地理解学习与社会的关系，增强他们的社会实践能力和社会适应性，为其未来成为积极参与社会、贡献社会的公民奠定基础。

四　项目式学习的课程形态

项目式学习因其内容的综合程度、知识覆盖面以及对学校课程体系的影响不同，呈现出多样化的课程形态，主要包括微型项目式学习、单学科项目式学习、跨学科项目式学习和超学科项目式学习。不同形态项目式学习的价值理念和基本特征在本质上是一致的，但又各具特点。

（一）微型项目式学习

微型项目式学习通常不会选取较大的知识体系进行项目设计，而是聚焦于某个具体的知识点或小的知识体系，基于真实情境进行设计，主要在课堂内实施，教师全程参与监控、引导与评价。这种课程形态与探究性学习相似，但二者在对知识的认知层面存在根本差异（见下表）。

微型项目式学习与探究性学习的差异

区别	微型项目式学习	探究性学习
任务来源	驱动任务源于真实情境	更多基于学术领域或模拟情境
知识掌握要求	强调实践知识并产出项目成果	偏重于理解与掌握知识
学习问题设计	除了知识性问题，还包括驱动学生行动的任务问题，形成双线学习路径	多围绕知识性问题展开，学习过程是单线推进

（二）单学科项目式学习

单学科项目式学习既是一种学习方式，也可视为学科课程的单元重构。它以学科内部的关键知识或能力为核心，紧密联系学科本质，既涵盖学科既定内容，又包括与主题相关的拓展内容，可能还会涉猎其他学科知识以作为支撑。从核心知识的引入到挑战性问题的解决，直至成果展示与评价，整个过程始终围绕学科的关键问题展开，凸显学科特质。

单学科项目式学习在实践中主要有两种形式。

1. 单元式主题项目式学习

以学科内的教学单元为依托，整合教材单元内容与课外相关课程资源，按照教材系统本身所固有的学科体系结构来规划项目式学习内容与教学设计。这种设计方式依托教材体系，结构清晰，项目的复杂程度和持续时间可控，易于实施。

2. 学科性项目式学习

教师在梳理学科整体内容的基础上，结合学生实际情况，构建符合学生"最近发展区"需求的新内容结构，以此确定项目式学习内容并进行教学设计。这种设计方式更具灵活性，但项目复杂程度与持续时间会更具挑战性。

（三）跨学科项目式学习

跨学科项目式学习聚焦于整合不同学科的核心概念或能力，以解决现实世界中的复杂问题。跨学科项目的完成，往往涉及两个或更多学科核心知识的综合运用与迁移。

特别提醒

> 设计与实施跨学科项目式学习，并非为了单纯追求学科间的交叉，而应体现学科间内在的关联性，让学生在解决跨学科问题的过程中，对大概念形成自然而然、无法割裂、深入持久的理解，并在此基础上产生创新性的成果。

例如，让学生通过建模的方式为校园周边的河流设计一个"鱼菜共生系统"，以治理污水。

在这个系统中，鱼虾排泄物导致氨氮含量升高、水质恶化，而种植在水面的空心菜能吸收这些氨氮并转化为自身生长所需要的养分，同时为鱼类提供良好的生活环境，形成鱼菜共生的生态循环。

该项目涵盖多学科的多重目标。科学方面：了解食物链、物质的形状与结构、材料的性能与选择，理解"鱼菜共生系统"的原理，运用食物链解释系统的运作机制；数学方面：学习比例尺、数学建模、面积单位换算（公顷、平方米、平方千米）、利用割补法计算不规则图形的面积；工程技术方面：绘制工程设计图，阐明设计意图，依据图纸制作浮床，学习新工具的使用，具备工程伦理意识等；语文方面：研读《江南》《敕勒歌》《长歌行》等乐府诗篇；音乐方面：古诗新唱乐府诗《江南》；德育方面：培养环保意识与社会责任感。

可见，设计"鱼菜共生系统"这一跨学科项目，其中涉及的学习内容和目标并不是人为捏造或随意拼凑的，而是围绕治理污水这一共同目标，为解决实际问题、满足实际需求服务的，有助于提升学生对周围世界的理解能力。

（四）超学科项目式学习

超学科项目式学习具有极高的学科整合性和融合性，其项目主题跨越各个学科领域，彻底打破学科界限，属于综合实践活动范畴。在确定此类项目主题时，通常无须过多考虑课程领域的局限。例如，"建造鹅泳池"这一项目，虽然乍看起来，这样的项目似乎与常规课程内容无直接关联，但实质上，它是将零散的学科知识有机融入完成项目任务的设计方案之中，将现实生活中的真实问题引入教学，让学生在真实情境中学习。面对这类真实问题，学生没有预设的解决路径和标准答案，这有利于激发他们的创造性思维，提升解决实际问题的能力。

超学科项目式学习要求学生围绕特定项目任务，学习多个相关学科领域的知识，并运用这些知识解决问题、完成任务。此类项目通常需要较长的实施周期，从几周到几个月，甚至更久。整个过程强调知识的深度整合、问题导向的学习以及创新性解决方案的生成，旨在培养学生的全局视野、批判性思维和实践创新能力。

第二节
项目式学习的设计原则

一　促进概念发展

　　学生在日常生活中会对事物或现象形成初步、直观的感性认识。这些认识通常是基于具体情境的个别经验，缺乏普遍性、概括性和科学严谨性，有时甚至可能与学科知识相悖。这类基于个体感知和经验形成的认知可称为"前学科概念"。教师的重要职责在于引导学生将前学科概念转化为学科概念，帮助他们构建起系统、科学的概念性知识体系。学生一旦形成概念性知识，就意味着他们不仅理解了该事物或现象的本质特征，还能在概念的外延上识别不同类型的正例和反例，并能运用这一概念作为工具去解决新的问题。

　　判断学生是否建构起学科概念，需要厘清了解事实性知识、掌握定义、学会操作与建构概念的关系。

（一）了解事实性知识和掌握定义≠建构概念

　　概念的建构是感性认识上升到理性认识的过程。以"溶解"为例，教科书可能会给出定义：食盐在水中变成看不见的颗粒，我们就说食盐在水中溶解了。食盐溶解，这也是学生在生活中能够获取到的事实性知识。然而，仅知道这个定义或事实，并不意味着学生已经掌握了"溶解"这一概念。果珍、咖啡、牛奶、白糖等在水中的状态是否属于溶解？如果学生对这些问题的回答含糊不清，说明他们并未真正形成"溶解"这一概念性知识。概念性知识超越了单一的事实层面，需要学生在真实情境下通过对大量事实性知识进行多层次的抽象概括，螺旋式发展对概念内涵与外延的认知深度与广度。[①]所以，概念的建构触及思维本质，是将各类事实性知识有序整合、抽象概括的过程。缺乏概念，事实性知识就会处于孤立、碎片化的状态。项目式学习的一个重要目标就是通过实践活动促进学生形成概念性理解。

这也提醒教师，应围绕概念、大概念进行教学，设计项目任务，而不是围绕定义或事实性知识进行教学，要让学生经历自主思考与合作探究，在完成项目任务的过程中理解、建构并应用概念。

（二）学会操作≠建构概念

很多人认为，操作性强的任务最适合开展项目式学习，如制作不倒翁、小帆船、太阳能热水器、节能小屋等。然而，成功完成操作任务并不意味着学生必定能同步建构概念。例如，下面的案例，学生通过项目式学习，会制作不倒翁，也会解释不倒翁不倒的原理，但并没有建构起"重心"这一概念。

> 教师设计了让学生自己选择制作不倒翁或平衡鸟的项目式学习活动。这些项目任务无疑充满趣味、富于挑战，且能让学生动手实践。整堂课氛围活跃，学生积极参与，看似效果显著。
>
> 教师引导学生进行探究，学生知道了不倒翁之所以不倒与"重心"这一概念密切相关，也学会了如何通过调整重心，使纸折小鸟的鸟嘴停在细竹棍上保持身体平衡。
>
> 教学过程趣味盎然、挑战性强、富有创新，学生参与度高，问题原理清晰……看起来这一项目式学习的一切都很完美。但当学生课后被问及"什么是重心"时，他们不假思索地回答"就是不会倒"或"就是物体的中心"。如果被进一步追问，他们就显得很困惑。同样，授课教师因为将这一项目式学习的设计重点放在了如何教学生操作以及如何解释

[①] 林静,张涛.义务教育生物学课程标准（2022年版）案例式解读[M].上海:华东师范大学出版社,2023：30.

原理上，竟也无法对"重心"这一概念给出清晰、准确的表述。

为进一步了解情况，我们在学校内进行了一次小型调查。受访的数学教师认为重心"大概就是重力的作用点"；科学教师表示重心"应该与物体的重量、重力分布有关"；语文教师提到重心"可能指地球引力作用下的重量分布"；而四年级的学生则理解重心为"物体的中心或主要重量所在"。

人们在生活中对"重心"一词耳熟能详，但多数人都不能准确地说出"重心"的内涵。学生能知晓不倒翁保持平衡的秘密、能通过调整重心使鸟身保持平衡，教师能用悬挂法找到不规则物体的重心位置，但他们都无法准确地回答"重心是什么"这一问题。这表明，尽管能完成相关操作，但并不意味着已形成概念性理解，实现了概念的建构。

那么，如何帮助学生通过动手操作真正实现概念的建构呢？教师应当精心设计教学活动，充分利用实验材料，帮助学生更好地理解物体的重心与平衡之间的关系，确保学生能在直观操作的基础上深入理解"重心"这一概念。以下是一套循序渐进的项目式教学方案。

● 环节 1：直观体验"找平衡点"活动

通过三个实验找到让铅笔在手指上保持平衡的点。

（1）单笔帽铅笔平衡实验。给铅笔一端加上笔帽，让学生尝试找到铅笔横放在手指上保持平衡的点，初步感知物体存在一个特定的平衡点。

（2）双笔帽铅笔平衡实验。在铅笔两端各加一个笔帽，让学生再次寻找平衡点。通过对比，引导学生认识到物体平衡点的位置会随质量分布的变化而变化。

（3）不同质量分布铅笔平衡实验。在一端加两个笔帽，另一端无笔帽或只有一个笔帽，引导学生观察并理解：当物体两端质量不同时，平衡点会偏向质量较大的一端，且偏移程度与质量差异大小有关。

通过以上活动，学生能够领悟到"重心"的第一层含义：每个物体都有一个使其保持平衡的点，这个点即为物体的"重心"。当物体两端质量相等时，重心位于物体中心；当物体两端质量不等时，重心向较重一端偏移，偏移程度取决于物体的质量分布。

● **环节 2：探索规则物体重心的多种求法**

通过用折纸法、测量法、画对角线等方法找到长方形和圆形等规则片状物体的重心，并用支撑法对找出的重心点进行验证，使学生认识到：对于形状规则、质量分布均匀的物体而言，其几何中心即为重心。

● **环节 3：揭示不规则物体重心的求解方法**

（1）引发思考。基于形状规则、质量分布均匀的物体重心与对角线交点的关系，启发学生思考不规则片状物体是否也隐藏着类似的两条甚至更多条直线相交的点，从而引出对不规则物体重心的探究。

（2）引入重力概念。启发学生思考：物体受到重力作用，其各部分是否都受到重力？重力的方向如何，如何描绘出来？引导学生关注重力及其方向。

（3）教授悬挂法。介绍不规则物体重心的求取方法——悬挂法。用细线连接形状不规则的片状物体上的一点，悬挂物体，沿着细线方向在物体上确定一条直线；在物体上找另外一点，用相同方法画出另一条直线；确定两条直线的交点，即为重心。此过程让学生理解：重心是物体各部分所受重力合力的作用点。

● **环节 4：总结深化理解**

通过上述一系列活动，教师再引导总结，让学生不仅掌握找重心的具体方法，更深入理解重心的深层含义：物体上的每一个点、每一个微小部分都受到重力的作用；物体的重心是其上所有微小部分所受重力的合力作用点，即重力的集合点。

这样的教学设计，既能让学生动手操作、亲身体验，又通过问题引导和实验验证，帮助他们从直观感知逐渐过渡到理性认识，通过对大量事实性知识的抽象概括，真正建构起"重心"这一概念及其与物体平衡之间的关系。

二　指向真实生活

项目式学习的核心价值在于它能够有效地将抽象的知识与学生的现实生活紧密联系，促使他们在实际情境中发现、分析和解决真实存在的问题，从而赋予学习过程以现实意义和实践导向。

项目式学习的任务和问题往往直接源于日常生活、社区环境、社会热点或者未来职业可能面临的挑战，与学生的个人经历、兴趣爱好及未来愿景密切相关。这种真实性使学习任务对学生具有极强的吸引力和内在驱动力，使他们有意愿主动投入时间与精力去探究和解决这些问题，而非仅为完成传统的课业任务。

项目式学习强调超越书本知识的局限，鼓励学生在实践中获取、整合、应用和创新知识，要求学生不仅要掌握学科知识点，更要学会在实际问题解决过程中灵活运用这些知识，以及发展跨学科技能、批判性思维、团队协作、沟通表达、项目管理等能力。这种学习方式打破了知识的孤立性和静态性，让学生在解决实际问题的过程中，体验知识的动态生成与演化，从而加深对知识的理解和记忆。

相较于书本上清晰定义、结构有序的问题，现实生活中的问题是复杂且劣构的。复杂性体现在问题往往不是孤立存在的，而是与诸多其他问题相互交织，形成一个错综复杂的系统。解决这类问题需要学生具备系统思维，能识别问题间的关联，把握问题的整体框架，并进行多层次、多角度的分析。此外，提出问题的过程本身就是一个复杂的学习过程，涉及信息收集、问题界定、假设生成、方案设计等多个环节。劣构性体现在问题的条件、背景、解决方案及其价值评判标准往往是多元且不明确的，不存在唯一的"正确答案"。学生需要在面对模糊信息、不确定因素和矛盾观点时，运用批判性思维进行判断、筛选和决策，找出最适合当前情境的解决方案。这一过程有利于锻炼学生的适应性、创新性和决策能力，发展整体素养和未来竞争力，使他们能够在未来的生活中应对各种复杂、非标准化的问题。

正是因为项目式学习紧密联系现实生活，以真实问题为导向，强调学生在复杂、劣构情境中的主动探究和问题解决，它才被视作一种真正的学习。通过项目式学习，学生不仅习得了知识和技能，还学会在实际生活中发现问题、分析问题、解决问题，实现知识与生活的深度融合，使学习过程成为一个富有意义和价值的成长之旅。

三　关联高阶思维

项目式学习是具有思维含量、能促进思维发展的学习，强调将低阶学习与高阶学习有效整合。若仅依赖低阶认知策略，学生将难以实现思维的碰撞与深入思考，从而削弱项目式学习的价值。因此，设计项目式学习，教师应以丰富的低阶知识背景与相关技能为基础，有意识、有策略地关联、渗透高阶思维，让学生不断迸发思维火花、产生精彩观念，将学生的认知水平发展到分析、评估、创建等层次，以实现其高阶思维能力的发展。

（一）设定高阶思维目标

项目目标是项目式学习的灵魂，决定了学习内容、任务方向与学习策略的选择，过程与评价的设计，以及资源的运用与开发，统领项目式学习全程，具有导向与评价的双重功能。教师在制订项目目标时，应结合课程标准，深入剖析教学内容与学情，充分挖掘支持学生高阶思维发展的教学资源，明确将发展学生的高阶思维作为项目式学习的重要目标，并据此有针对性地设计具体活动与实施路径。

制订高阶思维目标时，除了关注知识掌握、能力提升、情感熏陶、态度形成，应尤其关注学生在发现与解决问题时的分析能力、在求异与发散中展现的创新能力以及评估与批判性思维能力的提升。高阶思维目标的描述，常用的行为动词包括"设计""假设""辨别""检验""发现……关系"等。

例如，设计与组织"设计太阳能热水器"这一项目式学习时，教师通常会将思维能力培养目标设定为：

> 能依据科学原理设计一款太阳能热水器，并按照要求写出设计方案、绘制结构图。

如果教师有培养学生高阶思维的意识，就应全面考查、分析学生现有的思维能力，就会发现学生在"辨别""检验"等评价方面的能力正是其高阶思维能力中最为欠缺的。在此基础上，可将本项目在思维层面的目标设定为：

> （1）能依据科学原理设计太阳能热水器，绘制结构图。
> （2）能对他人的观点、方案做出判断，进行批判性评估，提出个人见解。
> （3）能分析、辨别他人给出的意见或建议，重新审视并持续修正、优化自己的设计方案。
> （4）能依据相关标准来检验自己设计的太阳能热水器是否符合需求，必要时可进行再创造。

这样的思维目标设定强调了学生批判性思考、创新设计、对标检验与持续改进等高阶思维的锻炼和培养，使项目式学习真正有助于学生高阶思维能力的发展。

（二）提出驱动性问题

学生高阶思维倾向的形成需要内在的驱动力。这种驱动力不会凭空产生，而是必然附着于具体问题之上。问题是科学研究的起点，没有问题就不会产生解释问题和解决问题的知识、思想和方法；问题也是触发学生求知欲、激发深度思考的关键。

问题本身存在着价值上的差异，其质量直接影响学生思维活动的层次与深度：一个低质量的问题只能让学生产生机械的学习反应，只与简单的思维过程相关；一个高质量的问题则能在项目式学习中起到驱动作用，学生解决这类问题的过程必然有高阶思维的参与。驱动性问题能有力调动学生的学习状态，促使他们进行比较、鉴别等分类行为，从已知推导未知，对他人观点发表独立见解，获得更多评估与批判的机会。所有这些，都是对高阶思维能力的培养和促进。当有了这样的驱动性问题，学习过程将充满挑战性，同时也更具有趣味性、生动性、直观性，原本枯燥、抽象的知识也能成为思维的附着点与生长点。

例如，在开展"制作鸡蛋保护器"项目式学习时，教师通过驱动性问题成功构建了一个从发现问题、分析问题到解决问题的完整思维链，促使学生在解决真实问题的过程中不断提升高阶思维能力。

- **环节 1：引入真实生活情境**

教师首先创设真实的生活情境，引发学生共鸣：同学们有网购经历吗？老师前两天网购一箱绿壳鸡蛋，收货时却发现破了几个。这一生活情境贴近学生生活，有利于引发他们对日常生活现象的关注与思考。

- **环节 2：角色转换与提出挑战**

教师提出驱动性问题：如果你是鸡蛋包装设计师，如何设计出更好的包装来保护鸡蛋？这一问题将学生置于问题解决者的角色，赋予他们解决现实问题的责任感，激发主动探究的意愿。

- **环节 3：独立思考与合作探究**

学生先独立思考，然后在小组内展开讨论，探讨并记录可行的解决方案，为后续全班交流做准备。这一环节鼓励学生相互协作，共同探讨问题，初步形成多元化的思考路径。

- **环节 4：全班交流与发现**

在全班分享小组讨论成果后，学生认识到鸡蛋在运输过程中是否受损与包装的减震缓冲性能有很大关系。通过对比不同减震包装的特点，他们发现适合鸡蛋保护的包装并不多见。这一过程促进了学生的信息整合与比较分析能力。

- **环节 5：明确设计要求与评价标准**

在教师的引导下，学生明确了鸡蛋保护器的设计要求：①能完整地包住一个鸡蛋，并留有自由转动空间；②便于装取；③须通过振动、冲击、1.5 米高处掉落等测试；④兼顾美观、实用、易装入大箱、成本低等多方面的因素。这些具体要求为学生提供了明确的设计标准，促使他们综合考量多种因素，进行系统思考，且有利于制作完成后进行对标检验，开展自我评价。

- **环节 6：激发创作欲望**

教师再次提问：同学们想一想，怎样根据这些设计要求，制作一个更优秀的鸡蛋保护器呢？这个问题引发了学生的兴趣与参与热情，他们纷纷表示愿意设计并制作更优秀的鸡蛋保护器。这一环节成功地将学生的认知兴趣转化为实践行动的动力，推动他们进入实际的创新设计与制作阶段。

（三）营造自由氛围

项目式学习是一种创造性思维占重要地位的学习活动。学生在学习过程中必然会出现不同的观点，也难免会出现不正确的想法。教师必须营造自由、安全的学习氛围，这样才能促使学生大胆想象、自由表达个人观点、从容面对质疑，才能让学生在彼此尊重的前提下，通过合理论证与意义协商，识别差异，寻求共识。在自由氛围中实现批判性合作学习，这对培养学生的高阶思维具有重要意义。例如：

在"鱼菜共生系统"项目式学习中，学生要设计一个治理污水的生态系统：鱼在水中生活，蔬菜生长于水面，二者互利共生。但是，怎么能让蔬菜固定在水面上而不下沉呢？学生给出的答案是设计浮床。设计什么样的浮床？这是一个需要经过一番思考和论证的问题。学生不仅要考虑浮床的尺寸、数量与形状，还要选定合适的制作材料。有的学生提出泡沫浮床方案，提议用泡沫块制作浮床，给出的理由是：泡沫浮力大、操作简便、成本较低。但这一方案遭到质疑：泡沫易受环境影响，容易损坏，且不环保，可能污染水域，甚至被鱼误食。还有学生提出荷叶浮床的创新设想，提议利用池塘中生长的荷叶作为天然浮床，给出的理由是：方便快捷、节约资源、环保安全。对此，其他学生提出质疑：荷叶能否稳固固定？荷叶凋谢后如何应对？能否承受恶劣天气？

在这一环节，教师要避免过早或过度干预，避免对学生的思路做出简单判断，而应为他们提供自由发表个人见解和充分质疑的时间与空间，容忍错误与分歧，鼓励学生之间展开激烈的思维碰撞。学生通过证据支持、逻辑论证，进行意义协商，最终达成共识。这种自由、安全、开放、平等、尊重的研讨氛围，有利于学生在知识共享、互动合作中实现评判性对话和协商，发展高阶思维。

第三节
项目式学习的组织策略

在流程上，项目式学习的实施与综合实践活动、探究性学习的组织大致一致，都涉及目标设定、任务分解、组建团队、资料准备、评价设计等环节。但在各个环节上，项目式学习有着自身特殊的要求。本节我们将聚焦于对提升项目式学习实施效果至关重要的几个方面。

一　强化时间管理

培养学生成为时间的有效管理者，是所有项目式学习的一项重要目标。在项目规划阶段，教师就应与各项目小组的学生在充分讨论的基础上，确定清晰的时间进程，制订详实的项目日历。

（一）项目日历的内容

项目日历的核心是要标识出整个项目进程中关键的时间节点。一份好的项目日历能使学生关注重要节点的截止期限，促使他们提前规划、适时调整进度、预见并解决潜在难题，从而避免任务延误或遗漏。这些关键节点应与项目各阶段的实质性任务紧密相关。对于长期项目而言，如果没有明确的时间节点，阶段任务的执行将缺乏规划性，可能导致项目整体陷入混乱。

项目日历中还应明确各项任务的责任人，以及完成任务所需的资源条件、可能遇到的困难等信息，以在项目推进过程中确保责任明确、资源配置合理，有助于团队协同工作。

如果一份项目日历中所明确的信息足够全面，实质上构成了项目的全面实施方案，可以涵盖项目任务（目标）、团队分工与协作模式、进度安排、条件保障、项目评估、成果展示与交流等要素。其特点是以时间轴为主线来推进项目的实施，有利于对项目实施进行管理和监控。

（二）项目日历的应用

项目日历应与学生共享，以方便学生对项目进度的把控，提升他们的时间管理意识和执行力。项目日历可通过班级网站、项目博客、项目周报、项目微信群的群公告等方式发布，也可在教室内设立"项目墙"，集中展示阶段任务、关键节点、完成计划、资源条件和注意事项等，便于小组研讨时随时查阅对照。

根据项目式学习的具体项目特点，教师还可将项目日历分享给家长及其他相关社会成员，并争取得到他们的理解与支持。他们的参与与配合将对项目式学习的效果产生积极影响。

项目日历的科学制作与有效运用，不仅能帮助学生学会高效的时间管理，还能促进团队协作，确保项目按计划有序推进，同时能调动各方资源，有利于项目式学习的成功实施。

二 增进队员合作

与一般的课题研究不同，项目式学习更呈现为一个学生经历合作探究、共同解决问题、携手完成项目任务的过程。为有效增进学生学习过程中的合作式探究，教师应注意以下两点。

（一）团队组建尽量体现异质性

由于项目式学习涉及的技术与管理的复杂程度通常高于常规的探究性学习，组建异质性团队显得尤为关键。异质性团队包括不同性别、性格、能力、兴趣的学生，甚至可以跨年级组合，旨在为学生从不同视角提出创新解决方案提供更多可能性，使学生根据任务需要充分发挥各自的特长。异质性团队的管理应遵循以下原则。

一是发挥思想碰撞的创新优势，鼓励团队成员之间开展深度交流，激发思维火花，促进创新观点的产生。

二是减少冲突与沟通障碍，通过有效的团队建设活动和沟通机制，降低因团队异质引发的冲突，增进成员间的理解和接纳。

三是培养团队意识与身份认同，强化团队凝聚力，使成员意识到各自在团队中的角色与价值，形成共同的目标追求和责任感。

四是相互协作，倡导成员间互相支持、协作完成任务，确保项目目标的顺利实现。

（二）有效管理团队

项目团队应定期召开工作会议，围绕四个要点展开合作与讨论。一是形成目标共识。对项目目标进行深入探讨，确保每位成员都充分理解学习目标，通过交流与研讨达成共识，保持目标方向的一致性。二是任务分解与协调。对任务与进度进行分析，拆解成易于操作与完成的子任务。在小组内部进行合理分工，确保每位成员明确自己的职责，形成任务分配上的协调与平衡。三是发挥个体优势，形成优势互补。识别并发挥每位成员的特长，形成互补性的合作关系，以在提出解决方案、执行方案、资源保障等环节中发挥最大效能，确保团队的整体工作效率。四是动态调整与跟进。随着项目的推进，团队应定期回顾进度，根据实际情况调整分工与策略，及时解决合作过程中出现的问题，确保项目按照预定计划顺利进行。

三　适度引导，适时调控

项目式学习的真正价值并不在于实物制作或任务完成本身，而在于通过这些具象载体，激发学生内在的知识建构、能力提升以及情感态度与价值观的形成，实现素养提升。因此，教师应时时关注，一旦项目式学习在实施过程中出现"浅化"现象，仅停留于表面的兴趣与热闹，应进行适度引导、适时调控，使项目式学习转向"深化"，真正关注内在的知识建构、能力提升以及情感态度与价值观方面的发展。

（一）适度引导，引发认知冲突

认知冲突是指学生的现有认知与原有认知结构不一致时所形成的状态。在概念建构过程中，引发有意义的认知冲突具有重要作用。当学生体验到认知分歧、产生认知冲突时，他们会更深刻地感受到已有知识概念的局限性，从而认识到调整或替换旧有概念的必要性。在项目式学习中，教师应适度引导，适时抛出易使学生产生认知冲突的话题，营造有利于概念转变的学习环境。例如，给学生提供能激发他们讨论、分享、思考、质疑不同观点的机会，促使他们直接感受到认知的差异性，在交流中产生认知冲突；组织探究性实验、现场调查或实地考察等活动，让学生有机会产生新鲜感、惊奇感，在体验中产生认知冲突。通过引发有意义的认知冲突，激发学生对学习主题的浓厚兴趣，增强学习动机。

（二）适时调控，把握介入时机

开展项目式学习，教师的角色定位至关重要。一方面，教师应充分尊重学生的主体地位，放手让他们在实践中自主探究、主动建构知识，体验学习的乐趣和成就感；另一方面，教师也不能完全放任不管，而应密切关注学生的学习动态，敏锐捕捉学生在项目进程中可能遇到的困难、疑惑或偏差，适时介入、调控，提供必要的支持与指导，以确保项目式学习的有效推进和教学目标的达成。

特别提醒

　　教师的介入并不是直接替代学生解决问题，而是通过启发性提问、适时点拨、资源推荐等方式，引导学生调整思路、拓宽视野，提升解决问题的能力。

适时、适度、适法的介入，要根据学生的学习进度、情绪状态、合作氛围等实际情况，灵活调整介入策略。当小组合作出现严重分歧进而影响项目进度时，教师应及时介入，协助调解团队矛盾，维护良好的合作氛围；当学生表现出强烈的探究欲望，或提出富有创新性的观点时，教师应抓住契机，鼓励他们深入探究，保护其创新火花；当学生遇到难以逾越的困难，进而影响项目进度时，教师应及时介入，解答学生在探究过程中的疑问，引导学生调整研究策略，优化项目实施路径。

例如，随着项目实施的推进，任务的复杂性增加，问题的思维含量提升，学生不可避免地会出现错误，如判断错误、方案错误、记录错误等。可以说，项目任务的完成常常就是一个不断试错、不断调整的过程。在学生出现错误时，教师应适时介入，提供必要的支持与指导。首先，要实事求是地呈现错误，让学生知道应允许并承认错误的存在，不回避、不掩饰；其次，要引导学生聚焦错误，对错误进行深入探究，核查判断，查找错误原因；最后，将错误转化为生成性资源，让学生经历对错误进行识别、分析与修正的过程，促进学生思维品质的提升。

四　搭建多种形式的学习支架

学习支架是教师为学生提供的各种支持性工具、策略和环境，是在学生现有的认知水平与其潜在的发展水平之间搭建的不同形式的立体、多元、动态的支持系统，旨在为学生学习新知识提供支撑，引导其逐步完成学习任务，不断提升能力层次。搭建学习支架的目的是营造适宜的学习条件与支持环境。

在项目式学习中，为学生搭建学习支架是支持学生自主探究、深化理解、提升能力的重要手段。教师可以设计层次分明、难度递增的任务序列，为学生搭建逐步实现知识建构的阶梯；可以提供丰富多样的学习资源，如参考资料、在线工具、专家访谈等，作为学生自主探究的有力支撑；可以教授有效的学习策略与方法，如问题解决模型、批判性思维技巧等，提升学生自主学习的效能。

（一）情感支架

情感支架旨在为学生提供情感层面的支持，强调在教学过程中协调情感活动与认知活动。项目式学习因其天然的复杂性与劣构性、分工性与合作性，更容易引起学生的情感体验。这种体验既有积极的，也有消极的。教师应关注学生的情感反应。一方面，搭建连接学生情感与学科特定知识的情感支架，激发学生对项目产生积极的情感体验，进而创造一个充满真情实感、彰显生机和活力的学习过程；另一方面，创设积极的课堂氛围，鼓励学生之间的合作与交流，营造互助学习、有竞争有合作的学习生态，促使学生产生积极的情感体验。

（二）概念支架

教师应通过清晰阐述、生动示例及组织深度讨论等方式，帮助学生理解、掌握并运用与项目相关的关键概念、原理或理论，为项目式学习的开展搭建必要的概念支架。概念支架是为学生建构知识提供的概念框架，帮助学生识别关键概念、形成清晰的概念组织构架。适时提供概念框架或经验提炼，对学生的学习至关重要。

教师自身应准确识别项目式学习中的关键概念，厘清相关概念的组织构架，确保所提供的概念支架具有针对性。这些关键概念往往是项目主题的核心，关乎学生能否对项目内容形成准确、深入的理解，能否有效解决项目中遇到的实际问题。例如，在进行以环保为主题的项目式学习时，教师可能需要为学生提供涉及生态系统、污染源、可持续发展等核心概念及其关系的概念支架。

（三）认知支架

教师应基于项目任务的特点，为学生提供认知支架，通过设计适宜的学习任务、提供适当的思维工具、引导有效的讨论与反思等方式，运用提问、示范、思维展示、解释、澄清、讨论、交流等具体手段，帮助学生学会接收、处理与反馈信息，调整自我行为，以完成超出其现有水平的认知任务。

根据项目主题与学生认知发展水平，设计循序渐进的学习任务，构建认知发展的阶梯。这些任务应从学生已有知识出发，逐步引入新的概念、原理或技能，使学生在这些认知支架的支持下，在完成任务的过程中自然而然地扩展和深化认知。例如，在进行科学实验项目时，教师可以先安排简单的观察与记录任务，再引导学生进行数据分析与推理，然后让学生设计并实施自己的实验方案，最后组织评价和调整改进。这样的梯度任务和有序引导，既降低了任务完成的难度，又使学生的认知实现有序进阶。

提供适当的思维工具，如概念图、问题树、思维导图等，帮助学生组织、整理、表达自己的思维和认知。这些工具不仅能清晰展示知识之间的关联，还能通过思维展示，帮助学生厘清思路，促进他们对复杂问题的结构化思考，提升他们的逻辑思维与问题解决能力。

引导学生进行深入讨论与反思，通过交流与分享实现深度理解，激发批判性思考。讨论中，教师应鼓励学生提出疑问、挑战观点、提供证据，将学生之间的思维碰撞、观点互补转化成帮助学生厘清思路、解惑释疑的认知支架。

关注学生在项目式学习过程中认知发展的动态变化，适时提供个别指导与集体反馈，帮助他们识别认知误区，调整学习策略，确保认知支架的有效性。例如，对于在某个环节遇到困难的学生或小组，教师可以提供针对性辅导，帮助他们突破认知瓶颈；对于全班共性的问题，教师可以通过集体讨论、示范讲解等方式，进行集体指导与修正。

（四）知识迁移支架

知识迁移支架旨在促进学习的正向迁移。教师应设计旨在促进知识、技能和策略在不同情境中灵活运用的教学活动，帮助学生将已掌握的陈述性知识、自动化技能、认知策略迁移运用到新的学习情境和项目任务中。这样，既能引导学生转换问题情境，培养将问题进行类化的意识，又能促使学生形成对所学知识的深度理解，构建清晰、概括、包容性强的认知结构，还能帮助学生克服思维定式，培养求异精神和发散思维。

1. 搭建陈述性知识的迁移支架

陈述性知识的迁移支架旨在帮助学生将已有学科知识、概念、事实等陈述性内容与新项目中的相关内容建立起联系，实现知识的迁移运用和融会贯通。可以设计跨学科学习的项目任务，让学生在解决实际问题的过程中，自觉地调用和整合不同学科的知识，如在研究环境污染项目中，引导学生运用化学知识理解污染物性质、借助地理知识分析污染扩散路径、结合生物知识探究生态影响等。通过这样的跨学科学习，学生能更好地理解知识之间的内在关联，提升知识迁移能力。

2. 搭建自动化技能的迁移支架

自动化技能的迁移支架旨在鼓励学生将已熟练掌握的技能如阅读理解、数据分析、实验操作等迁移运用到新的项目情境中，提升技能的通用性和适应性。可以设计一系列具有挑战性的项目任务，要求学生在完成任务的过程中，灵活运用已掌握的技能解决问题，如在进行社区服务项目时，引导学生运用已有的数据分析技能对社区需求进行统计分析，或者在进行科学实验项目时，要求学生运用已有的实验操作技能设计并实施实验方案。通过不断实践和应用，学生逐渐将已掌握的技能内化为自动化的反应，提升在不同情境中解决问题的能力。

3. 搭建认知策略迁移支架

认知策略迁移支架旨在培养学生将已掌握的问题解决策略、信息检索策略、自我监控策略等学习策略迁移运用到新的学习情境中，提升自主学习能力和问题解决能力。例如，设计有助于学生迁移运用问题解决策略的社会调查项目，用于确定调查目标、设计调查方案、分析调查结果；设计有助于学生迁移运用信息检索策略的文献综述项目，用于查找相关文献、评价文献质量、整理文献信息。通过不断的实践和反思，学生逐渐将已掌握的学习策略内化为自主学习的习惯，提升在不同情境中的学习效果。

五　开发与调配项目资源

开展项目式教学，教师的角色不仅是学生学习的引导者、协调者、调控者，还是整个项目的统筹规划者。其中，资源整合与协调是项目统筹的重要方面。教师应进行全面的资源规划与开发，以确保项目式学习的顺利进行和项目的高质量完成。项目所需的资源种类繁多，包括人力、物力、财力、技术支持和知识资源等多个方面。在项目策划之初，教师应梳理完成项目需要的资源清单，明确现有资源与待发掘资源，评估哪些资源可迅速获取、哪些资源需要通过多方合作争取，以及有哪些潜在的人员或机构能够提供必要的支持、建议或信息，从而制订出详尽的资源开发与调配计划。这一过程也可以带领学生一起完成。

对于相对容易获取的资源，如互联网上的教育资源、图书馆馆藏图书及各类视频教程等，教师应主动向学生推荐，指导他们有效地利用这些资源进行自主学习。此外，针对项目实施中需要专业知识和技术支持的部分，可邀请行业专家、学者走进课堂，通过讲座、研讨会等形式为学生提供特定领域的专业指导，或进行答疑解惑。

除了常规的教学资源，很多项目式学习还需要有专项经费支持。学校应合理调配公用经费，以满足项目式学习的物资采购、设施建设等需求，如设立专用或兼用的实验室、工作室等。同时，学校也应积极争取上级部门的专项拨款，以支持全校项目式学习的深入实施。此外，学校和班级的日常教学经费预算也应适当预留一部分，用于学生在项目实施过程中所需要的耗材和其他支出。

除了学校内部资源，还应重视社区及家庭资源的开发和利用，但应坚持减轻家长经济负担的原则，挖掘社区中蕴含的丰富教育资源。社区成员、志愿者、退休教师以及其他专业人士都可以成为项目指导者，为学生提供实践经验、技术指导甚至场地支持。例如，社区的公共场所、企业、文化基地等都是项目实施的重要载体。通过整合这些资源，项目式学习可以突破学校围墙，融入更为广阔的社会实践领域，把学习变成一个社会化的过程，促使学生在真实情境中学习和成长。

特别提醒

> 　　资源开发不仅是一个物资和经费投入的过程，更是一个富含教育意义的实践过程；它不应被视为一个消耗的过程，而应被设计成一个育人内涵不断丰富的过程。

当学生为完成项目而筹集资金时，他们可以尝试通过创新创业的方式来解决，如开设无人售卖摊位、发起众筹倡议、举办公益演出等，从中学会成本控制、市场营销、筹资策略等实践技能。为筹集经费，学生不仅要学会省钱，更要学会赚钱，要有融资和拉赞助的本事。因此，基于项目式学习对于经费的真实需求，教师要引导学生不仅要满足这种需求，更要超越这种需求。这种资源开发的过程，恰恰成为培养学生的交往能力、理财意识、创新思维和解决问题能力的有效途径，使得项目式学习成为学校育人内涵不断丰富和深化的实践路径。

可见，教师对各类资源的统筹开发，不仅是确保项目式学习顺利推进的基础，更是一个寓教于行、促进学生全面发展的教育过程，能为学生提供宝贵的社会化学习经验，真正体现教育的综合性、开放性和实践性。

六　展示并交流项目成果

教师应高度重视学生项目式学习成果的展示与交流环节，将其视为检验学生学习成效、促进深度学习与反思、增强学生成就感与自信心的重要手段。

成果是项目式学习的一大亮点。成果不仅包括项目最终的成品或产品，如设计作品、实验装置、艺术创作等，还包括在项目进程中产出的各种阶段性成果，如设计方案、草图、模型等。要形成这些物化成果，学生需要整合多学科的知识，通过查阅文献资料、观看教学视频、向专业技术人员咨询等多种途径获取必要的知识和技能，实现理论与实践的深度融合。所以，物化成果能展现学生对知识的深度理解与创新应用能力。

相比之下，网页、报告、说明类的项目成果侧重于书面或口头表达，如项目报告、研究成果展示、演讲演示等。尽管相较于物化成果，形成这类演示类成果相对容易。但教师仍应与学生一起制订明确的标准和要求，规定最终汇报或演示时应包含的要素，以确保项目成果内容完整、逻辑清晰、论据充足，与项目目标紧密契合。通过高质量的报告展示，学生不仅可以系统梳理项目过程，还可以深入剖析问题解决方案。

项目式学习与其他探究性、实践性学习方式的一个重要区别，就在于项目式学习成果的物化程度更高，更加真实可见，能更好地体现学生的实践能力和解决问题的能力。因此，组织项目成果的展示交流活动，旨在展示学生的学习过程与成果、揭示他们对知识的领悟与应用，而不是仅为了展示精致美观的作品。公开展示作品或对项目成果进行报告和演示，可以让学生回顾、反思自己的项目历程，进而深化对项目的认识，通过成果展示，体验到完成任务的喜悦感、知识转化为现实成果的成就感，同时培养学生的仪式感、获得感和满足感。

一个成功的展示交流活动需要精心的策划和准备，包括确定展示的时间、地点、所需物料，邀请相关领域的专家、学者或行业人士参与评审和交流，设计精美的邀请函，制作详实的活动议程等。通常，针对综合性较强、需要较长时间完成的项目式学习成果，展示地点可以选择报告厅、多功能室、实验室或展览馆等具有专业氛围的场所，确保学生能够在适宜的环境下展示自己的项目成果；受邀嘉宾的专业背景应与项目主题相关，以此为学生提供与真实世界对话、反思自我、获取反馈的机会；活动开幕式的策划应注重营造仪式感，又不失亲切氛围，以激发学生内心的荣誉感和自豪感，强化项目式学习的价值和影响力。

七　反思总结

完整的项目式学习过程，完成作品是阶段性成就，之后还应当进行进一步的反思总结。一方面，项目的完成是一个不断迭代的过程，学生已完成的作品并不是最完美的，而是可以继续修正和完善的；另一方面，项目式学习的目的不在于产出作品本身，而在于学生在完成项目过程中的发展和收获。反思和总结有助于学生持续改进项目成果，升华学习体验，进而提升自身能力，强化项目式学习的育人功能。如同棋局结束后，顶尖棋手会通过复盘来审视每一步决策和整体战略，学生也需要通过反思总结，回望自己在项目实施过程中的得失，以及思考如何通过持续的迭代优化来完善项目成果。

项目式学习的反思总结要重点做好以下几个方面。

（一）目标回顾

目标指引着项目实施的行动方向。对项目式学习进行复盘，首先要对最初设定的目标进行回顾与确认，确保每位成员都能明确反思总结的目的和标准，明确将要讨论什么、怎么评判。例如：

> 对"建造鹅泳池"这一主题的项目式学习进行复盘，首先要将预先设定的目标在黑板上或通过 PPT 明确地呈现出来，如本着经济、美观、实用的原则在校园内为大鹅设计、建造一个舒适的游泳池，要求结合学校资源情况，列出关键考量因素，充分考虑选址、施工材料、泳池尺寸、防水技术、排水问题等。这样，通过对目标的明示与对照，时刻提醒学生要正确解读目标，围绕目标进行复盘讨论，不跑偏，保证复盘方向的正确。

（二）过程叙述

过程叙述旨在让学生基于项目式学习过程中的文字、图表等记录，系统整理并阐述项目全程的各个阶段和重要节点。这不仅能锻炼学生的表达和逻辑思维能力，也有助于重现项目从构思到实施的完整画卷。面对时间跨度大、复杂多阶段的大型项目，可以采用阶段记录和叙述的方式。例如：

> 对"建造鹅泳池"这一主题的项目式学习的过程进行叙述，学生需要按照方案设计、土木工程的实施与进展、混凝土工艺实施、环境美化等不同阶段，分别记录进展情况和遇到的挑战，保证叙述既客观真实又条理清晰，既全面完整又有丰富的细节。

（三）结果评估

将实际结果与原始目标和设计方案对比，可以评估项目的完成情况。若结果与目标一致、符合设计方案，则完成情况达到了预期；若结果超越目标或改进了设计方案，则完成情况超过预设；若有些目标没有达成或有的设计无法实现，则可能是因为结果存在不足，也可能是因为最初的目标和设计缺乏可操作性，在项目实施过程中进行了调整。无论结果如何，教师都要引导学生坦然面对。例如：

> 对"建造鹅泳池"这一主题的项目式学习的结果进行评估，可能出现不同情况：一是实际结果不如预期，存在某些瑕疵，如结构稳定性欠佳、施工质量不高、耐久性不足，或者遇到了未曾预见的问题，如污水不能完全抽净等；二是有的设计因存在瑕疵而被放弃，如用黏土做防水墙，实践中发现黏土防水墙虽可以防水，但经不住鹅叨，坚固性不够，于是放弃了这一设计，选用了其他材料；三是收获意外的突破，如采用了混凝土挂网、卵石铺面等创新方法。

这样的结果评估，可以促使学生厘清实际结果与预期目标和设计之间的差异，进而引导学生深入分析产生差异的原因，以便在下一轮迭代中修正错误、发扬优点。

（四）规律推演

规律推演是高阶认知活动。学生不仅要从项目式学习的具体实践中汲取经验教训，更要通过归纳和抽象等思维活动提炼出能迁移至新情境、适用于类似项目的普遍原则或规律。这种从实践经验中反向推导出规律的方法，有助于学生从基于具体情境的浅层认识上升到具有普适性的理解层面，并能以此解释新情境中的新问题，逐步学会如何将单一项目中的成功做法升华为可迁移、可推广的知识体系和原则规律，从而在未来的项目实践中实现高效而有深度的学习。

ZONG HE SHI JIAN HUO DONG DE
ZU ZHI YU SHI SHI
综合实践活动的
组织与实施

　　与其他教学组织形式相比，综合实践活动有其特殊性。在我国现行的中小学教育体系中，综合实践活动既指一个独立的课程门类——综合实践活动课程，同时也指一种跨学科、实践性较强的教学组织方式。

　　本讲我们将结合这两方面的意义指向，既从课程层面进行说明，也从活动实施层面展开讨论，全方位解析综合实践活动的组织与实施。

第一节

综合实践活动的课程理解

2001年，教育部发布《基础教育课程改革纲要（试行）》，提出从小学至高中设置综合实践活动并作为必修课程。其内容主要包括信息技术教育、研究性学习、社区服务与社会实践以及劳动与技术教育。强调让学生通过实践探索、社会考察、设计制作、问题解决等方式开展学习，经历体验、探究、合作，发展综合运用知识的能力，培养创新精神和社会责任感。

2017年，教育部印发《中小学综合实践活动课程指导纲要》（以下简称《指导纲要》），对综合实践活动课程的规划、研发、设计、实施、指导和评价做出全面规范和指导，要求各地区和学校结合地方特色和社会资源，精心设计和组织活动，鼓励学生自主探究、合作交流、动手实践。

《义务教育课程方案（2022年版）》调整了综合实践活动课程设置。新版方案中，综合实践活动课程仍然是义务教育课程体系的重要组成部分，但劳动、信息科技从综合实践活动课程中独立出来。提倡学科整合与跨学科学习，强调以学生为中心，鼓励项目式学习、探究式学习等方式。具体要求学生在参与各类综合实践活动的过程中，学会运用所学知识解决实际问题，培养劳动观念、创新意识和实践能力，增强社会责任感。

一 课程性质

综合实践活动课程是国家规定的基础教育课程体系中的必修课程，旨在培养学生的创新精神和实践能力，提高学生综合素质。课程内容涵盖研究性学习、社区服务与社会实践、劳动与技术教育以及信息技术教育等多个领域，强调以学生为主体，结合生活实际和社会需要，通过项目式学习、探究性学习等多种方式进行。

1. 综合实践活动是跨学科实践性课程

《指导纲要》指出：综合实践活动是从学生的真实生活和发展需要出发，从生活情境中发现问题，转化为活动主题，通过探究、服务、制作、体验等方式，培养学生综合素质的跨学科实践性课程。这句话从以下三个方面对综合实践活动课程的性质做出界定。

- **课程起点**　关注学生的真实生活和发展需求。
- **课程价值**　关注学生综合素质的发展。
- **课程实施**　要求从生活情境中发现问题，并将它转化为活动主题，通过探究、服务、制作、体验等方式来进行设计和指导。

2. 综合实践活动既是国家规定的必修课程，又是在国家课程框架下的区域性和校本化课程

《指导纲要》规定，从小学一年级开始设置综合实践活动课程，直至高中。课程贯穿基础教育所有学段和年级，可见它在我国基础教育课程结构中的重要地位。但是，与其他学科类课程不同，综合实践活动课程在国家层面只设置了课时比例，给出了专门的纲要指导，但课程规划和实施则由地方和学校完成。2022 年启动的新一轮课程改革，也没有专门的综合实践活动的课程标准。在《义务教育课程方案（2022 年版）》中专门对综合实践活动课程进行了调整，优化了课程设置，特别强调综合实践活动应"侧重跨学科研究性学习、社会实践"，明确了教学时间的要求，每周不少于 1 课时，可统筹使用，可分散安排，也可集中安排。

由于我国地区发展不平衡，教育基础和地域资源各不相同，为开发出更贴近学生的课程资源，设计出更易于实施的教学活动，各级教育部门与学校应在国家课程框架下，对综合实践活动课程进行区域性和校本化的设计与推进。

（1）区域层面。省、市、县各级教育部门应考虑本地教育基础与条件，

细化课程的组织与实施，将国家课程要求与本地实际相结合，将理想课程根植于教育大地。各地应充分挖掘并利用地域资源，结合本地区教育特点和基础进行课程规划与设计，承担起层级管理职责。

特别提醒

地方统筹不应局限于课程规划，还应为基层学校和一线教师提供技术支持，参与课程实施过程的管理和督导，及时反馈并调整，确保课程规范设置并常态实施。

（2）学校层面。学校作为课程实施的最基础也是最重要的层级，应科学研发课程，理性组织实施，组建教师团队对综合实践活动进行研究、设计与实施指导，并做好课程实施的常态化考核评价。

特别提醒

综合实践活动课程的具体实施必须遵循顶层设计的要求，同时学校和教师又享有丰富的创生空间，应积极、自主地探索适应本校特色的实施模式与策略。

二　课程目标

《指导纲要》提出综合实践活动课程的总目标是：学生能从个体生活、社会生活及与大自然的接触中获得丰富的实践经验，形成并逐步提升对自然、社会和自我之内在联系的整体认识，具有价值体认、责任担当、问题解决、创意物化等方面的意识和能力。结合具体的学段目标，通过课程实施要实现的价值体认、责任担当、问题解决、创意物化这四个方面的素养目标，可以理解如下页表所示。

综合实践活动课程的素养目标

素养目标	说明
价值体认	主要凝练主观认识，树立基本的、健康的、富有动能的价值取向和必备品格
责任担当	能自理自立，形成对社会的初步认知和为社会服务的自觉意愿，并且付诸行动
问题解决	能主动发现问题，运用匹配的科学方法和技术工具去探索，用理性思维梳理合乎逻辑的判断和解释，用实证思想来佐证或验证成果
创意物化	不只是动手操作，更重要的是能巧妙地运用技术和工具，且能系统设计，体现审美，有所创新；能运用合适的方法，借助具体的物化形式，与他人进行沟通与交流

三　课程内容与活动方式

《指导纲要》指明了综合实践活动课程的内容选择和组织原则，以及主要活动方式及其关键要素，指出学校和教师应根据综合实践活动课程的目标，并基于学生发展的实际需求，设计活动主题和具体内容，并选择相应的活动方式。

（一）内容选择和组织原则

综合实践活动课程的内容选择与组织应遵循自主性、实践性、开放性、整合性、连续性的原则（见下表）。

综合实践活动课程内容的选择和组织原则

原则	说明
自主性	核心是"以学生为主体"，主要体现为学生的自主选择、自主规划、自主管理
实践性	体现了"活动中心"的课程思想，强调让学生经历各种活动，如实验、探究、设计、创作等，在"做中学"的过程中进行体验、体悟、体认
开放性	拓展活动时空和活动内容的边界，面向学生的真实生活和广阔的现实世界

原则	说明
整合性	内容组织与设计要体现个人、社会、自然的内在联系，强化科技、艺术、道德等方面的内在整合，处理好人与自然、人与他人和社会、人与自我的对话关系
连续性	活动内容和主题前后接续，主题活动应长短期结合，学期、学年、学段间的活动内容应有衔接和联系，能形成科学的主题序列，以实现学生的可持续发展

（二）活动方式及其关键要素

《指导纲要》提出了考察探究、社会服务、设计制作和职业体验四类基本活动方式（见下表）。

综合实践活动课程的主要活动方式

活动方式	活动特点	作用	关键要素
考察探究	即通常所说的研究性学习，既是综合实践活动的基石，也是主要的课程模块	提高学生分析和解决问题的能力，培养理性思维、批判质疑和勇于探究的精神	发现并提出问题；提出假设，选择方法，研制工具；获取证据；提出解释或观念；交流、评价探究成果；反思和改进
社会服务	强调学生以自己的劳动满足社会组织或他人的需要	培养学生的社会责任感和勇于担当的品质	明确服务对象与需要；制订服务活动计划；开展服务行动；反思服务经历，分享活动经验
设计制作	以完成实物作品为主线	培养学生的技术意识和工程思维，提高技术操作水平、知识迁移水平，体验工匠精神等	创意设计；选择活动材料或工具；动手制作；交流展示物品或作品，反思与改进
职业体验	让学生在实际工作岗位上或模拟情境中见习、实习，体认职业角色	培养学生的职业兴趣，引导学生形成正确的劳动观念和人生志向，提升生涯规划能力	选择或设计职业情境；实际岗位演练；总结、反思和交流经历过程；概括提炼经验，行动应用

特别提醒

现实教学指导中，活动方式并不限于这四种。只要是有利于引领学生进行有意义、有价值的实践探索的活动方式，如各种节日活动、专题活动、主题场馆的参观、特定基地的实践等，都可以按照综合实践活动课程的原则和理念进行组织设计，都是很有效的综合实践活动。

常用的其他活动，主要有学校的常规类活动，如国旗下讲话、开学典礼、毕业典礼、春游、秋游、家长会等；各种节日主题活动，如艺术节、体育节、科技节、读书节等；各类主题教育，如环保教育活动、安全教育活动、禁毒教育活动、心理健康教育活动等；社会体验类、参观考察类、社会服务类等各类社会实践活动。

第二节
综合实践活动的课程组织

综合实践活动课程有开放性、生成性与实践性的特点，这使课程的计划、组织、指导、协调与控制水平直接影响着活动成效。

中小学综合实践活动学科教学与活动指导，常规环节涉及课内、课外及线上、线下，主要有：课程资源研发、教学活动设计、课堂活动指导、实践性项目作业布置与评估、项目活动课后辅导、组织项目成果展示并形成考评意见、组织跨学科主题课外拓展活动。综合实践活动的课程组织既要指向学生各方面能力的提高和综合素质的发展，也要考虑教师的专业发展与激励机制，还应做好资源开发、技术支持、团队协作、课程管理等方面的保障工作。

一 课程资源的深度挖掘与高效利用

作为一门形态多元、注重实践体验和自主探索的经验课程，国家课程的区域性、校本化实施，是赋予综合实践活动课程生机与活力的根本途径。地方与学校层面的区域性、校本化资源开发，是综合实践活动课程实施的关键。资源开发旨在将自然的和社会的人力资源、物质资源与信息资源充分纳入课程管理的视野，尤其强调将教师和学生作为最直接且最具活力的课程资源。在遵循国家课程规范的基础上，要依据综合实践活动的独特性质，系统开发丰富多样的课程实施条件，做好学校内部资源的深度挖掘、地方特色资源的有效利用、资源向活动素材的精准转化等多个层面的工作，推动课程资源的深度挖掘与高效利用。

（一）深度挖掘学校内部资源

资源开发与运用的水平，体现学校对教育资源整合利用的能力与教育理念的创新性，影响学校课程实施的质量。学校内部及周边环境蕴含着丰富的课程资源。全面梳理、系统评估、深入挖掘并充分利用学校特有的课程潜在资源，有助于学校明确自身优势，启动有针对性的课程研发工作，也有利于激发学生自主选题和合作探究的热情。

特别提醒

　　做好资源开发与利用的关键，是要打破传统的资源观，打开思路，对资源保持广义的理解，将资源的定义从狭隘的物质条件扩展至更广阔的范畴。

1. 硬件资源

学校自身的基础设施、实验室、图书馆、校园环境等硬件资源是课程实施的物质基础，应充分发挥其功能，使之服务于综合实践活动的开展。例如，校园植物园可以作为生物科学探究的现场，图书馆则可作为文献检索、信息整理的研究基地。

2. 教师队伍

教师队伍是最重要的教育资源之一。学校应鼓励和支持教师的专业发展，通过培训、研讨、合作备课等方式提升其指导综合实践活动的能力，同时鼓励教师根据个人专长和兴趣开发特色课程模块，实现教师专业素养与课程资源的有机整合。

3. 学生主体

学生个体及其群体智慧同样不容忽视。教师应鼓励学生自主发现、提出问题，参与综合实践活动课程的设计与实施，将他们的兴趣爱好、生活经验、创新思维转化为课程资源的一部分。

4. 外部力量

家长、校友、社区专家等外部力量也可通过志愿服务、讲座、合作项目等形式参与到学校课程资源的共建共享中。

以学校为基点开发课程资源，就是要全方位、立体化地挖掘并整合校内外一切有利于学生成长的要素，形成资源网络，实现资源的最大化利用，真正实现资源的无处不在、用之不竭。例如：

> 江苏省苏州市教育部门按照社区资源、学校资源、家庭资源、教师素养、生源基础、管理文化六个维度及相应的三级指标和 44 个思考点，组织全市范围内的学校开展了大规模的校本课程潜在资源调查。这项调查旨在引导学校和教师自下而上地系统审视现有条件，拓宽思路，灵活运用现有资源，深度挖掘潜在资源，以设计出既彰显学校特色又符合学生实际情况，且教师能够有效指导的综合实践活动。
>
> 这一对校本课程潜在资源的有意识、系统性调查，不仅是广义课程资源建设理念的深入渗透，也清晰界定了校本资源的整合路径，进而催生了区域内众多源自基层、富有特色的综合实践活动课程校本化实践案例。

（二）有效利用地方特色资源

地方资源是综合实践活动课程不可或缺的宝贵财富，涵盖了自然资源、社会生活资源、历史文化资源等多个领域。地方资源的丰富性不会因为地域之间的差异而不同。每个地方都有自己独特的地质地貌、生态环境、民俗风情、历史遗迹等，这些资源为综合实践活动课程提供了生动的实践场景与丰富的学习素材，有助于增强课程的地方适应性与文化特色。（见下表）

综合实践活动可以开发和利用的地方资源举例

资源类型	举例	作用
自然资源	动植物种类 地质地貌 水文气象	为科学探究、环保教育、户外运动等活动提供天然的实验场所与实践平台

资源类型	举例	作用
社会生活 资源	地方产业 社区服务 公共设施	在真实的社会情境中了解社会运行机制，培养社会责任感与公民意识
历史文化 资源	地方历史人物 古迹遗址 非物质文化遗产	传承地方优秀传统文化，提升人文素养

地方资源的开发与利用，要求教师具备开放的心态与敏锐的洞察力，主动走出校园，与社区、企事业单位、文化机构等建立紧密联系，共同策划实施各类实践活动，提高教育的开放性和社会化水平。这样，学生学习的外延就会得到极大的拓展，不仅能拓宽学生的视野，还能增进学生对家乡的认同感与归属感，培养其热爱家乡、服务社会的情怀。例如：

江苏省苏州市自然环境优美、吴文化底蕴深厚、人文氛围浓郁、开放态势强劲、区域特色鲜明。在生活宜居方面，苏州人追求雅致、幽静、小桥流水、枕河人家；在饮食文化方面，苏州口味清淡偏甜，追求食材本味；在艺术表现方面，苏州工匠力求精工细雕；在经济发展方面，苏南传统与现代兼容……这种具有乡土区域性的文化特征，往往对人的人格塑造起着潜移默化的涵养作用。开发综合实践活动最基础的课程资源，就是要挖掘乡土文化中的教育因子，将其转化成适切的课程资源和活动素材，让每名学生都在承接经典与创新未来的交汇点上得到发展和成长。

以启发、涵泽、高雅的教育，培养勤学、自强、创新的品格，是苏州教育的底色。叶圣陶主张的"教，为了不教"以及范仲淹提出的"先天下之忧而忧，后天下之乐而乐"即为代表。"一方水土养一方人。"苏州是出人才的地方，历代文学家、诗人、画家、工艺大师人才辈出，为后人的成长与发展留下了宝贵的文化遗产。

在综合实践活动课程资源创建过程中，苏州市力求履行地方指导课程管理职能，开展区域性探索。以地域文化、教育条件为基础，在课程内容组织、活动管理策略、教师素养提升等方面为基层提供材质辅助、技术服务和精神激励，初步形成了既体现课程特质又满足区域性条件的资源成果。通过综合实践活动课程，让学生接触生活和社会，了解历史和文化，用地域的主流文化润泽学生，使综合实践活动成为体现民族精神、展现地域风格的特色课程。

（三）实现从资源到素材的转化

资源的开发并非目的，更重要的是要将资源转化为适合学生实践活动的具体素材，使之成为学生获取知识、锻炼技能、形成价值观的有效载体。

课程资源的本质是信息。将外部资源转化为有效的活动素材，是一个系统且有序的过程，要求学校和教师具备良好的课程设计能力，能够根据课程目标与学生需求，对广义信息进行物化操作，使之成为综合实践活动的有效素材，转化为具体的任务、项目、案例等实践活动形式。例如，地方的历史故事可以设计成剧本创作、戏剧表演的活动，本地的生态问题可以转化为实地调研、方案设计的课题。

如何将外部资源转化为有效的活动素材？可按照下表所述流程进行操作。

从资源到素材的转化操作

环节	操作	说明
环节1	筛选资源点	以地域文化和校本基础为资源库，结合学生年龄特点、兴趣偏好以及课程目标，师生共同讨论、筛选出具有教育价值、实践可行性强的资源点
	厘清资源图谱	运用信息技术，将选定的资源点以可视化的方式组织起来，形成资源图谱，清晰展示资源间的关联性与层次结构，便于师生直观理解资源间的逻辑关系
	设计主题系列活动	以资源图谱为支架，网络式、立体化设计学生主题系列活动，要求每个主题活动既可以独立开展，又能与其他活动形成网络

环节	操作	说明
环节2	形成专题活动资源包	基于内容的丰富程度、学生的探究兴趣和基础水平、教师的知识储备和指导能力、活动的实施环境和支持系统，依照基本实践程序"收集活动素材—规范活动设计—形成教学案例—评析指导成效"，形成区域性、校本化、师本化、生本化的专题活动资源包
环节3	基于教学模式组配资源包	基于不同教学模式（如主题学习型、课题研究型、作品创作型、活动体验型、实践应用型、网络学习型等）的特点及其之间的差异，组配资源模块，确保资源与教学模式相匹配
	设计具体的主题活动	基于学生年龄特点、班级特色、学期计划等因素，选择合适的教学模式及所组配的资源模块，设计具体的主题活动。主题活动的类型多样，涉及家乡文化类、环境保护类、科学探索类、学科拓展类、经济考察类、特色活动类、自我管理类、心理探究类、社会生活类等

特别提醒 ━━━━━━━━━━━━━━━━━━━━━━━━━━━━

　　素材的组织与呈现方式应遵循课程理念，注重知识与技能的整合、情境化学习、合作探究、反思评价等，确保素材既能满足活动开展的实际需求，又能体现课程的教育价值。

二　提升教师专业素养

　　教师是教学活动的组织者和引领者。对于综合实践活动课程而言，教师自身就是极具个性色彩的珍贵的课程资源。"教师在，则课程在。"教师队伍的专业素养更是决定着综合实践活动课程的走向。

　　与学科课程不同，综合实践活动不是一个学科专业。因此，所有教师都可以而且应当担任学生活动的指导。但是，由于综合实践活动的特殊性，教师需要具备特定的专业素养和能力，以胜任课程的组织、设计和指导工作。

（一）主题设计能力

综合实践活动的组织与教学是以学生活动为基础的。学生的知识经验、社会阅历和兴趣爱好各不相同。教师应设计丰富且有内在关联的结构化主题，以满足学生的自主选择需求。因此，综合实践活动要系统设计、有序推进，兼顾自然、社会、人文三大内容维度，且应将考察、研究、操作、体验、服务、反思等贯穿其中。主题设计结构化是对教师提出的基本要求之一。

1. 主题范围宽泛化

这是一项考验教师思维广度的能力要求。综合实践活动内容的丰富性要求教师能在宽泛的主题范围之内，凭借其丰富的知识积累、一定的社会敏感度和多样的操作技能，带领学生经历一段段精彩的探究之旅。第一，教师自身应具备丰富的知识储备和开阔的视野，以便在宽泛、多样的主题范围内为学生提供丰富的活动选项。第二，教师应具有一定的社会敏感度与时代感，密切关注社会发展动态、热点问题及地方特色，引导学生关注现实世界，将当下的议题融入活动设计之中。第三，教师队伍整体上应实现操作技能的多样化，掌握多种实践活动的操作技巧与方法，如田野调查、实验操作、艺术创作、社区服务等，以支持不同主题下实践活动的开展。

2. 活动结构逻辑化

主题的宽泛和多样必然导致视点繁多。如何在主题框架下合理构架活动，做到杂而不乱？如何保证系列活动得到循序渐进地顺利推进？教师必须思考、筛选、分层、排序，构建出系列活动的逻辑结构（见下图）。

围绕主题进行多层次、多角度的子主题设计，形成清晰的主题脉络

按照知识难度、技能要求及学生认知发展规律，合理安排活动顺序，确保活动间逻辑连贯，形成由浅入深、循序渐进的学习路径

在活动实施过程中适时调整活动结构、转换活动视角，以应对学生兴趣变化、课程资源变动等情况，保持活动的连贯性和有效性

构建活动的逻辑结构

3. 活动呈现数字化

数字化呈现系列活动的设计具有多种优势，不仅便于存储，更有利于教学交流和再度开发。这要求教师具备一定的现代信息技术的应用能力。例如，运用 Inspiration、MindManager、Excel、PPT 等工具软件，将活动设计可视化、结构化，从而提高设计效果与沟通效率；掌握概念图、思维导图、脑图等图谱制作技巧，利用图谱清晰展现活动主题、子主题、活动环节之间的关系，便于学生理解和参与；有序管理数字化资源，将活动设计、学生作品、教学反思等资料进行数字化存储与分享，便于课程的持续改进与成果展示。

（二）综合指导能力

综合实践活动课程的性质决定了教师在课堂上的指导职能远远高于普通意义上的教学职能。教师在综合实践活动中的综合指导能力体现在对活动全过程的精细化管理与指导上，既要把握好课内集中教学与课外自主实践的平衡，又要充分利用现代信息技术手段实现"线上 + 线下"的深度融合，指导学生共同做好活动组织、主题拓展、方案调整、资源共享、难点攻关、成果展示、评价反思等，确保在"课内 + 课外"时空展开的系列活动能张弛有度、收放自如，做到时间跨度长而不散、活动内容和形式杂而不乱。这考验教师高效教学和规范指导的能力，尤其在以下几个方面对教师的综合指导能力提出要求。

第一，主题拓展科学合理。能科学设计并合理引导学生开展基于一定主题的内容丰富的活动，使主题设计能前后关照、循序渐进、逐步深入。

第二，学生实践自主有效。能指导学生在活动中自主选择、主动实践，有序、高效地实现围绕主题"聚焦动"、活动过程"探究动"、相互配合"协作动"、共同学习"师生动"，做到"思""动"结合。

第三，指导个体努力与集体合作。能灵活采用多种方式建立学生小组，结合学生特点指导小组内部合理分工；能针对学生在实践活动中的难点进行个别或集体辅导，关注个别学生的参与状况，激励个体努力，引导集体合作；倡导同伴互助，借助集体智慧解决复杂问题。

第四，方法指导适时恰当。理论讲解、方法培训、案例剖析到位，强化学生对实践活动的理解，形成必要的操作技能；能指导学生运用科学探究方法、创新思维技巧应对挑战。在活动进程中主要渗透以下三类方法的指导，真正实现授人以渔。

- **研究方法**　如文献法、观察法、实验法、调查法（含访谈法）、实地考察法等。
- **操作方法**　如种植、养殖、设计、制作等。
- **专项技术**　如资料搜索、合作分工、方案设计、交流论证、数据处理、成果提炼、论文（报告）撰写、成果表达等。

第五，资料积累细致翔实。《指导纲要》要求"做好写实记录"。教师应指导学生注意积累活动资料，如开题报告、论证资料、调查材料、有效数据、实物模型、照片图表、研究报告、个人体会、展示材料等。活动资料可以采用统一样表，也鼓励进行个性化的科学设计。

第六，各类经验整合渗透。综合实践活动涉及特定学习情境中的多元学习要素，整合考察探究、社会服务、设计制作、职业体验多类型活动方式，以培养学生的价值体认、责任担当、问题解决、创意物化等多方面素养。要实现这一目标，教师应具有在活动过程中整合渗透多种类型经验的能力，引导学生充分感受、积累感知性经验，借鉴、梳理间接性经验，实践、提炼程序性经验，感悟、内化建构性经验，帮助学生自主完成经验建构，培养正确的价值观和必备品格。

第七，师生关系自然融洽。能与学生形成民主协商、齐学共进的良好师生关系，以保障综合实践活动具有良好的环境生态。

第八，教学风格特色鲜明。在遵循国家课程的统一框架和顶层要求的基础上，综合实践活动课程的丰富性和灵动性为教师的自主创造开辟了广阔空间。教师应结合自身素养形成教学与指导的鲜明的个性色彩。

（三）教学评价能力

理性的教学评价能够反映教师对现实活动的整体把握，也是进行自我反思和集体研讨的一条基本途径。

1. 结构性分析

能够对自己和他人的教学指导进行结构性分析，整体把握特定系列活动的"点"和"线"。对于某一次具体的师生活动，既要准确判断活动任务是否落实，又要全面衡量、评价自身在主题拓展、探究深入、过程推进、学生发展等方面是否发挥了承上启下的节点功能。

2. 视点评析

能够选择有价值的视角和观点展开评论，可以夹叙夹议，也可以综合评析。视点评析是否独到、教学反思是否深刻、语言表达是否流畅，都与教师的理论涵养和实践水平相关。

3. 状态判析

能够关注课程发展的理论和实践成果，不断反思，理性判别自己的教学状态和发展方向；积极参与校本教研或中心组活动，在思维碰撞中学会坚守与变通；凭借不懈努力和友伴互助，逐步形成体现自身风格、符合自身实际的实践智慧，实现专业成长。

三　课程组织管理

规范化、常态化的综合实践活动课程管理，是"制度管理"和"学术引领"的整合与平衡。

（一）区域课程管理结构

综合实践活动实行三级课程管理模式，在国家课程的框架中，立足地域基础进行开发与实施，强调地方的指导与管理的重要作用。省、市、县级的区域性课程管理，是综合实践活动课程得以整体推进的行政保障和常态实施的技术支撑。

1. 综合实践活动课程管理的三个层级

（1）宏观层面：政策与标准制定。由国家负责课程的顶层设计，确立课程的基本框架、目标与原则。地方根据国家课程的框架和原则，结合本地实际情况，进行课程的二次开发与个性化实施，确保课程内容贴近学生实际，反映地方特色。

（2）中观层面：区域规划与协调。省、市、县三级构成的区域课程管理体系，负责课程的规划、指导与监管。这一层面对接上下，既上传下达国家政策，又根据地方实情制订操作性强的实施方案，包括资源配置、师资培训、质量评估等，为学校提供必要的支持与指导。

（3）微观层面：学校实施与创新。学校作为课程实施的主阵地，应依据上级指导，结合本校特点，灵活设计并执行课程计划。这涉及具体的课程活动安排、教学方法选择、学生参与度提升及效果评价等方面，确保课程目标在学生个体层面得到有效落实。

2. 综合实践活动课程管理的三个维度

（1）课程实施环境。优化学校文化，营造积极的学习氛围；配备必要的设施设备，提供丰富的学习资源；加强教师队伍建设，提升教师的专业能力与教学热情。

（2）课程制度建设。包括学校课程规划、教学资源的持续开发与整合、对教师教学质量的评估与反馈机制、教师教学问责机制等。

（3）课程活动设计。包括课堂教学与课外指导全过程的设计。

（二）校本化组织管理

综合实践活动课程的校本化实施，应紧密贴合政策导向、遵循课程规范、充分考虑区域资源和特色，并结合学校教学管理的实际状况展开。以下为学校层面综合实践活动课程实施的具体组织与管理建议。

1. 课程支持系统

构建完善的课程支持系统是确保综合实践活动顺利开展的组织保障。这一体系应包括但不限于：政策与资源对接，建立与上级教育部门的紧密联系，及时获取政策指导和资源支持；校内资源整合，整合校内各类资源，如图书资料、实验室、信息技术设备等，为实践活动提供物质基础和技术保障；信息平台建设，开发或利用现有平台，记录学生参与活动的过程，方便管理和评估。

下图为学校支持系统的结构模型。

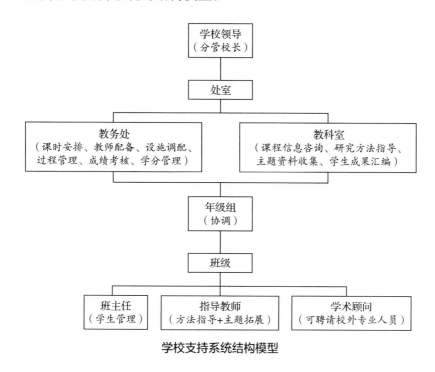

学校支持系统结构模型

2. 师资安排

根据学校支持系统结构模型，在班级开展综合实践活动的师资安排上，建议学校组建多元化的指导团队，协同完成综合实践活动的指导与管理。（见下表）

综合实践活动的多元化指导团队

人员	指导任务和职责
班主任	作为班级管理的核心，协助活动的日常管理和学生动员
学科与特长教师	根据活动主题，选派相关学科知识丰富或有相关特长的教师承担学科知识及相关领域概念与技能的指导任务

人员	指导任务和职责
教科研骨干	承担学习和活动方法的指导任务，可通过年级讲座等形式提升学生的探究与研究能力
特聘顾问	邀请外部专家或专业人士，承担知识拓展性的主题讲座或具有较强专业性的技能指导，为学生提供专业知识讲座或技能培训

3. 课时安排

根据《指导纲要》，义务教育阶段综合实践活动课程的课时安排，要求1~2 年级为 1 课时 / 周，3~9 年级为 2 课时 / 周。具体实践中，课时安排应灵活且具有前瞻性，可以集中安排与分散使用相结合，校内的课表课时教学与校外的社会实践、社区服务等体验活动相结合。2021 年秋，"双减"政策全面落实，具有非学科、素质化、成长性特点的综合活动需求剧增，综合实践活动课时安排更应得到有效保证。

4. 过程管理

过程管理是确保活动质量的关键。一是要做好活动设计。短线与长线活动分别设计，短线活动注重效率，在一两个课时内完成；长线活动要对各个阶段和环节进行整体计划（见下表）。二是要做好阶段监控。各个阶段要设定明确的时间节点，定期检查活动进度，及时调整计划。三是要做好反馈评估。过程性评价与结果性评价相结合，组织学生自评、互评及教师评价，收集反馈，为后续活动提供改进依据。

长线综合实践活动的整体计划

阶段	内容
问题情境阶段	形成课题并成立研究小组
	制订课题研究方案
	开题论证与交流
实践体验阶段	实施研究方案
	中期交流与反馈

续表

阶段	内容
	整理、分析信息资料
	形成研究成果
总结表达阶段	终期交流与展示
	终期评价

　　综合实践活动过程应合理安排、细致规划，否则，活动的组织管理不可避免地会出现各种混乱。下表可作为长线活动学期安排的参考。

长线综合实践活动的学期安排

周	安排	过程用表
第一周	▲课题研究动员，介绍大主题，拓展视野	
第二周	确定研究主题，形成研究小组并分工	课题生成与研究小组成立用表
第三周	▲集中指导：制订研究方案	
第四周	制订小组研究方案	课题研究方案／计划
第五周	交流论证研究方案，根据意见修改方案	课题论证交流评价表
第六周	▲集中指导：研究方法	
第七周	实施研究：收集交流资料、设计问卷、调查／访谈、整理信息等	课题研究活动情况记录表
第八周		
第九周	▲主题讲座	
第十周	准备中期汇报和交流	
第十一周	中期汇报和交流（组际）	课题研究中期交流用表
第十二周	深入研究	
第十三周	▲集中指导：实验数据的处理、研究成果的表达	
第十四周	整理研究资料	资料整理与分析用表
第十五周	梳理成果	

周	安排	过程用表
第十六周	研讨、撰写学术报告	课题研究论文／报告
第十七周	撰写个人研究工作小结	
第十八周	成果展示准备：课件、展板、模型等	研究成果终期交流与展示用表
第十九周	成果交流、成绩评定：从学术价值、研究态度、材料积累等方面进行评价	课题研究终期评价表
第二十周	期末表彰：成绩单登记、学生评优	

（注：标注"▲"的活动内容可以通过年级讲座形式进行。）

第三节
综合实践活动的实施

综合实践活动的实施过程注重实践性、探究性和合作性。在活动策划阶段，活动主题的确定应源于生活、回归生活，鼓励学生结合生活实际和社会热点问题设计具体活动主题和项目，自主提出问题、设计解决方案；实施过程中，鼓励学生全员参与，自主探究、团队协作，利用各种资源解决问题，形成实践成果。同时，教师要充分整合和利用校内外各种资源，为学生实践活动提供支持；做好活动的指导与监督，确保活动安全、有序进行；并做好过程性评价和终结性评价，关注学生的活动过程、态度、技能以及所取得的成果，并及时反馈学生的学习成果和发展状况。

一　对学生学习的要求：实践＋思辨＋建模

综合实践是一个建构经验的过程，强调在真实或高仿真情境中的经验积累和有效建构，促发深度的感悟和理解。在综合实践活动课程框架下，学生的学习活动更加指向实践操作能力、批判性思维和基于经验建构的元认知发展。

（一）实践地"学"，积累感性经验

积累经验的过程必定是自主、内化和情境性的。综合实践活动的"学"强调实践性，学生在各种样态的实践活动中，新信息与原有知识体系产生连接，进而活化旧知、激发新知，在直接经验和间接经验的互动中启迪创新。相较于学科课程，综合实践活动中学生实践地"学"，信息丰富，形式多样，如用眼观察、竖耳倾听、跑腿调查、张口评议、动手制作等，全面调动各种

感官活动，直接与现实世界互动，这种"做中学"的方式能极大程度地获得客观世界信息，积累感性认识。

（二）思辨地"学"，提炼理性经验

广义的经验也包含理性认识。综合实践活动中的学习，要在积累感性经验的基础上，以思辨的方式提炼理性经验，整合情境性的方法策略，运用经验，逐步建模。在具体的综合实践学习中，存在很多思辨的窗口，如对生活的多重关注并提炼核心问题，了解自身基础和既有资源，从而合理规划活动方案，在多样化实践中摸索最优方法，从碎片化的资料中提炼关键信息，立足实证材料凝练典型观点，对照标准进行个性化评价，协助他人完成学习任务等。在学生开展综合实践活动的过程中，教师要抓住这些思辨的窗口，有目的地做好引导，帮助学生学会思辨地"学"。（见下表）

引导学生学会思辨地"学"

引导策略	说明
问题导向	在学生积累了一定的感性经验后，引导学生提出问题、分析问题，通过逻辑推理和批判性思考，将直观感受上升为理性认识
策略整合	在解决问题的过程中，指导学生整合不同的方法和策略，形成解决复杂问题的能力，这是从具体经验向普遍规律转化的关键步骤
模型建构	鼓励学生根据理性分析的结果，建构概念、思路、方法等模型，提升学生抽象概括和系统理解的能力

（三）自主地"学"，建构经验图式

经验的建构，重在以实践活动不断丰富自身经验，并优化经验框架，基于个人实践经历、思考过程和自我反思，逐渐形成独特的认知框架或经验图式，这是个体智慧和创造力的重要源泉。

这一过程包括对自然、社会和自我的感知、感受和感悟。其中，对自我认知的感悟，是建构经验的关键所在，是通过对自我行为、价值选择、策略选配的反思和调控来体现的，表现为学习的元认知策略。因而，自主地参与是综合实践活动有效学习的保障，也是建构经验的基础条件。

二　对教师指导的要求：理念更新+情境营造+指导引领

教师在综合实践活动中的指导，应是超越传统教学边界的，更多地聚焦于促进学生的主动探索、合作学习与经验建构。在这一过程中，教师应成为学生学习过程的设计师与引路人，营造一个生态化的教育环境，以问题解决的学习和活动为载体，促进师生、生生互动。学生在教师的引领下，实现学习和经验建构的自然发生。

（一）深化前沿性理念

指导学生开展综合实践活动，教师需要深入内化并贯彻以下一系列先进理念。

一是建立基于人格平等的师生关系，视自身为学生自主活动的引领者而非单一的知识传递者，成为学习共同体中的一员，与学生共同探索未知，共同成长。

二是理解教学为一系列积极互动与动态生成的过程，以更多地鼓励学生自主发现问题、解决问题，形成一种动态的学习生态。

三是认识到学习团队作为新型学习组织的重要性。

四是明确学习是从外部感知向内在认知、由共性向个性的建构过程。

引领学生建构经验，教师还应有下面这样的认识。

一是特定经验的获得，既可通过自我习得积累，也能通过交流与合作进而汲取他人的经验来获得。

二是经验起始于感性、生动的体验，但只有通过理性的思考和分析，才能明晰化、结构化，甚至智慧化。

三是经验是具体的，在形成阶段指向某个特定的事物或类别，针对特定情境；经验又具有包容性和流动性，能在多样体验和问题解决中相互融通、迁移。

四是经验虽然不需要严格的内部关联，却必须经过提炼与升华。

（二）营造生态化互动情境

依据皮亚杰的观点，知识是个体在与环境交互作用的过程中逐渐积累的结果。作为一种活化的、统整的、广义的知识形态，经验的建构必然也依托于生态化的互动情境。综合实践活动是强调学生经验建构的课程，重在以整合的方式帮助学生组织经验，即以主题、课题、问题、项目为中心，让学生在真实的、生态化的互动情境中，以具身体验的方式习得直接经验，以交流合作的方式获得间接经验，以思辨的方式提炼理性经验。

与传统学科课程相异，综合实践活动并不追求知识体系的严密或技能的娴熟，而更注重学生对项目的关注与投入、跨学科知识的融会贯通与学以致用、对项目活动的整体规划与持续开展、团队成员间的有效合作与相互激励。这需要学生在生态化的互动情境中，通过亲近自然、参与社会、自我反思，获得独特且深刻的人生体验。

（三）强调引领性的指导

综合实践活动是建立在学生的实践活动与经验建构基础上的，强调学生的亲身体验与主动参与。因此，学生之间的互动与合作至关重要。教师必须赋予学生充分的活动自主权，适度放手并提供引导。例如，教师与学生共同商定活动主题，鼓励学生自主组建团队、小组协同制订实施方案、团队合作开展探索实践，负责指导素材整理、方法运用，并开展组间评价等。

综合实践的活动过程就是教师引领学生建构经验的过程。在"引领"理念下进行活动指导，教师应摒弃"成人参照"或"学科参照"的思维方式，超越传统意义上的"教师—学生—教材"的框架，不应进行单纯的知识传授和方法指导。教师应基于平等的师生关系，充分尊重、密切关注学生的经验发展，以学生在活动中表现出来的前经验水平为起点，为其搭建通往高阶经验提炼的阶梯，促使探究活动从表层的主题探索深入至情感态度、思维品质和学习习惯的培养，引领学生的心智进入快速发展通道，确保每名学生都能自信地在个人成长道路上前行，展现生命的独特价值。

三　对活动周期的设计：课堂教学 + 长线活动

综合实践活动往往是跨学科的学习，是一种源于生活、融入生活又能有效反哺生活的实践性学习。就自然的状态而言，综合实践活动是一种随时随境可以触发的灵动学习，学习样态极其丰富；就专业性而言，综合实践活动又是一种深度学习，它不仅关系外部学习的环境条件，而且联结学生自身的经验状态，又有相关的理念蕴含其中。

设计综合实践活动应打通课内与课外两个时空。课堂教学与长线活动的周期设计，需要全面考虑、统筹安排，以实现点线结合、收放自如的效果。通过精心规划的短线活动和长线活动的结合，形成一条既有深度、有章法，又不失灵活性的学习路径。

课堂教学即短线活动，重在教师点拨，形成活动的基础性经验与示范性样本。在课表课时内，教师以课堂教学的方式，组织多边互动的短线活动，重点解决或突破某些关键节点的瓶颈问题，如选主题、组团队、定规划、用方法以及梳理材料、提炼观点、表达评议、形成成果、展示与反思等。

课外的长线活动，重在自主探究，强调学生的具身感受和自主行走。课外乃至校外的长线活动由学生项目小组自行组织，一步步推动项目的完成。学生正是在做一件件具体事情的过程中，经历充分的实践、辨析、调整、反思，实现经验建构和思维进阶。

在课堂上，指导教师是课程的引领者与学习要素的激活者，重在启发思维与方法指导；在课外长线活动中，指导教师是良师益友或人生导师，随境而生专业点拨，适时、恰当地支持与引导，鼓励学生自主解决问题。

特别提醒

　　教师在课堂内外的角色虽然不同，但要一以贯之地确保课堂教学与课外活动的内容和目标紧密相连，以形成连续的学习链，避免给学生造成割裂感。同时，要建立有效的沟通机制，密切关注学生在长线活动中的动态发展，根据实际情况及时调整教学策略和活动计划。

四 对活动模式的探索：多样化＋适应性

探索和应用适应特定主题与经验建构的多样化的教学活动模式，能有效提升综合实践活动效果，满足学生多元化学习需求。下表所列六种教学活动模式各有侧重，又互相补充，能为学生提供全面、深入的学习体验。

适合开展综合实践活动的教学活动模式

模式	特点	要求	关键	
			设计关键	指导关键
主题学习型	强调围绕一个大主题，构建多维度、多层次的学习网络	精心设计认知情境，为学生搭建学习支架，引导他们在探索中逐步深入，并能根据学生兴趣与理解程度灵活调整主题探究的深度和重点	认知情境	信息整理活动
课题研究型	以问题为起点，注重让学生通过科学探究的方法解决实际问题，适用于较高年级的学生	遵循科学研究的基本程序，如问题提出、假设形成、实验设计、数据收集、结论分析，程序要求规范，方法要求科学，思维要求缜密，强调科学性和严谨性	程序性情境	学术规范
作品创作型	鼓励学生以团队合作的方式进行创意设计和实物制作，如工程设计、方案设计、物件制作等	要求学生在创作过程中经历资料查找、知识学习、设计创新、动手制作、创意表达等，强调从构思到成品的全过程参与。该模式不仅要求技术操作能力，更重视创新思维的培养	技术性情境	工程思维团队协作
活动体验型	让学生亲身体验活动全貌，以促进学生的情感体验与道德认知，帮助学生形成深刻的情感联结和正确的价值观	强调引导学生在参与中处理、体悟、思考与周围人、事、物的关系，激发其道德反思与社会责任感	社会性情境	伦理反思

模式	特点	要求	关键	
			设计关键	指导关键
实践应用型	强调理论知识与实践技能之间的结合，鼓励学生综合运用已有知识和技能，探索性地完成一个项目，解决一个现实问题，学以致用，以用促知	强调设计问题导向的求解性情境，指导学生将所学知识应用到具体情境中，通过"做中学"加深理解，培养学生的问题解决能力和实践创新能力	求解性情境	"用中学""做中学"相关活动
网络学习型	强调利用现代信息技术平台，打破时空界限，促进跨地域、跨学科的学习交流与合作	应设计促进合作与科学思辨的在线学习情境，指导学生有效利用网络资源进行资料收集、自主探究和成果展示，同时培养学生的数字化技能、跨文化交流能力和全球视野	合作性情境	科学思辨

以上教学模式在实际应用中没有完全清晰的边界。实践中教师对教学模式的选择也并不是非此即彼的，往往是以一种模式为主导，兼有其他模式的要素。教师应根据综合实践活动的学习目标、学习内容和学生特点，创造性地融合多种模式，设计出既符合学生需求又富有创新性的综合实践活动方案。

五　对校外活动的设计：需求分析 + 基地建设 + 分级分类

学生在校外完成的实践活动与校内活动有较大差异。教师、学校乃至区域要对校外综合实践活动进行专门设计。校外活动除了在一般的社区环境和家庭环境中完成，更多在多种专用场馆、基地中完成。整合资源，整体设计与实施学生的校外综合实践活动，这是近年来中小学教育改革中的重要主题，要求教育工作者不仅要有创新的教育理念，还要具备跨界整合资源的能力。学校应对指导教师进行专项培训，提升其跨学科知识整合能力、活动设计与指导能力、风险管理能力等，确保教师能有效引导学生在复杂环境中学习，必要时可邀请校外专家、行业导师，为学生提供专业的指导和反馈。

校外综合实践活动的设计是一项系统工程。首先要明确活动目标，结合学科知识、学生能力培养需求、社会参与度等多方面因素，进行细致的需求分析，以确保活动设计既有针对性又有吸引力。在此基础上，通过多方合作，建立资源和基地网络，以满足不同的活动目标和需求。基本的基地类型可通过以下途径获得。

- **与社区联动**　加强与社区的联系，利用社区资源，如图书馆、博物馆、公园等，将其作为活动基地，同时邀请社区专业人士参与指导。
- **与专用场馆合作**　积极与科技馆、艺术中心、生态园、工业基地等专用场馆建立合作关系，利用其专业设施和教育资源，为学生提供更专业、更丰富的实践机会。
- **与企业和高校对接**　探索与企业、高等院校开展合作，通过参观、实习、科研合作等形式，让学生近距离接触行业前沿，体验科研实践。

学校应科学规划校外综合实践活动。一是要根据学生年龄、兴趣及活动性质，将校外活动分为初级体验型、中级探索型、高级研究型等不同层次，确保每名学生都能找到适合自己的项目。二是要制订详细的活动方案，明确活动目的、内容、流程、安全措施、预期成果等，确保活动的有序实施。

2017 年，苏州市政府实事项目"未成年人社会实践体验活动站综合服务平台建设"遭遇瓶颈，迫切需要解决体验活动率和体验活动效能等问题。笔者受邀承担重任，寻求突破。我们经过研究，认为青少年社会实践是一种文化实践，是指向个体经验日益优构的境脉学习，要走"课程化"道路。我们充分调研了全市体验站的公益教育资源情况，将其分成 12 个领域：红色印记、时代精神、名人先贤、历史文博、艺术品鉴、苏作工艺、科普创新、绿色生态、生命健康、志愿服务、职业体验、法治宣传。我们以"社会文化实践课程化"为指引，用"跨学科境脉学习"理念和课程技术，研制体验活动课程模板和操作基准，培训"站校联盟"指导人员，联结12个领域社会公益资源112家体验站，研发了300多个社会实践体验活动课程。社会实践体验活动的课程化，有利于在学校教育和社会教育转型项目探索中实现成果转化，实现学校教育与社会教育、家庭教育的互通与对接。教育突破时空，形成资源合集，联合开放运行，为青少年的全域学习创造了环境条件。

六　实施表现性评价

表现性评价是一种介于纸笔精确定量评价与活动体验定性评价之间的评价方式，强调学生的成就状态和发展程度，考量学生的学习内驱力。表现性评价是多元的，反映在评价方式、评价主体、评价功能、评价情境等不同方面，凸显教学评价人性化、统整化的发展方向。表现性评价符合综合实践活动课程特质，也贴合课程实施现状，完全可以作为当前综合实践活动的一种基本评价方式。

（一）综合实践活动表现性评价的定位：课程特质 + 课程目标

国家规定综合实践活动课程的总体框架，具体由地方、学校、教师分层细化和落实。由于地域文化、学校水平、教师能力存在差异，课程实施及学生发展的总体要求很难同步达成。综合实践活动课程要常态实施，必须有一套教学评价工具来体现信度、验证效度。

课程目标体现了特定课程的教育哲学定位，包括教育目标、教学目标和能力指标。任何教学评价的实施都必须首先厘清这些目标体系。综合实践活动是教师引导下的学生自主实践。综合性的实践学习有利于改善单一知识接受性的学习方式和生活方式，密切学生与社会生活的联系，加强学生对自然和社会的了解与提升参与度。综合实践活动的课程目标也应该涵盖三维目标体系中的认知领域、动作技能领域和情意领域，尤其侧重学习方法的优化、良好情感的涵养和正确态度的确立。这就意味着，要依靠实际场域的观察和师生的合作交流实现完整的教学评价，纸笔精确化答题测量的方式无法实现对目标的有效检测。

综合实践活动的课程目标可以从学习论的视角来分类。应将评价视点转移到学生学习行为的过程和结果上来，综合评价学生的学习方法、学习态度和综合能力。加涅把学习结果分成五种类型，分别是言语信息、智力技能、认知策略、态度和动作技能，并描述了每种学习结果行为表现的主要特征。根据学习结果的行为特征来评价综合实践活动的学习水平，是一种既体现课程隐性理念又具备显性表现的评价方式，符合综合实践活动的课程特质，同时也符合学生心智发展的客观规律。在此基础上，相应选择合适的评价策略和途径，一定能够提高综合实践活动评价的信度和效度。

（二）综合实践活动表现性评价的内涵理解：价值取向＋评价特质

目前，我国对教学评价的研究已朝着多元化、人性化、精确化、统整化方向发展。

- **多元化**　强调根据不同学科、不同年龄、不同学习任务、不同情境选配不同的评价主体、评价方式和评价工具。
- **人性化**　强调尊重和激励学生，保护学生的学习积极性。
- **精确化**　强调信度和效度，要求公正公平。
- **统整化**　强调整体一致性。

没有一种单一的评价方式能够完全实现以上"四化"的理想境界。因此，选配合适的评价模式是非常有必要的。表现性评价是一种综合的评价模式，即具有相当评价素养的教师，编拟与学习结果应用情境类似的模拟测验，要求学生完成一项活动或制作一件作品，让学生表现所知、所能，用学习行为和学习结果来证明其认知能力、学习过程、情感态度。这种教学评价强调学生在真实情境中的行为反应和情感表现，具有情境性和多样性。

表现性评价融合了纸笔考试与档案袋发展性评价的优势，以学习结果为标准，以学习行为为依据，评价学生在学习过程中的方法和技能的习得以及情感态度的变化，从而评定学生的学业水平。综合实践活动的表现性评价是以建构主义学习理论为支撑的情境性学习行为评价，引导学生向高层次认知学习发展，从应答性记忆学习过渡到实证性探究学习，培养学生良好的思维品质，这正是国家开设综合实践活动课程的目的。

综合实践活动的表现性评价是学生的学习评价。学习是一种以认知活动为基础、以心理智能活动为核心的个性心理发展过程。中外教育界对学习的心理过程有许多卓有成效的研究，综合实践活动的表现性评价就是基于建构主义学习理论和中国道家学习思想的本土化评价方式。庄子把学习过程分为"接、谟、神、行"四个阶段。"外交于物为接，内虑于心为谋。""接"有接触、接受之意，是感性学习阶段；"谟"同"谋"，即对感性材料进行分析、比较、综合等深层次思考；"神"是理解和领会，在"谟"的基础上构建属于自己的认知结构，所谓"心领神会"就是学习第三阶段的境界；"行"就是实践、行为。从学习结果的行为变化去评价学生的学习状态和思维水平，这就是表现性评价的逻辑起点。基于此，表现性评价具有如下特质。

- 表现性评价的场景都来自生活，即使是虚拟场景也一定是跟真实生活相一致或高度相仿的，因此表现性评价具有实际生活性。
- 关注学生较高层次的思考和解决问题的技巧。
- 兼容跨领域、跨学科知识，尊重学生个别差异。
- 促进学生自我决定、自我管理、自我负责。
- 兼顾评价学习结果和过程，使情感目标显性化，便于教师操作。

（三）综合实践活动表现性评价的实施：能力指标＋操作原则

让学生习得"带得走"的能力，这是综合实践活动课程追求的终极目标。关于构建及实现综合实践活动中学习行为的能力指标，中外有许多实践经验。美国综合实践类课程十分重视信息化素养，日本的"综合性学习时间"强调分析和解决问题能力的培养，我国台湾省的综合学习活动详细、全面地界定了十种基本能力和六大议题，同时编制了基本学力测试手册。目前，我国新课程推行的综合实践活动尚未形成全国统一的可检测的能力目标体系，但在实践中摸索总结出八大关键能力——问题能力、合作能力、规划能力、信息能力、操作能力、表达能力、观察能力、管理能力。

表现性评价是综合性的学习评价，其形式和内容是多元的，包括知识拓展、认识提升、文本写作、科学实验、语言表达、问题解决、作品展示等。形式要与评价目的相匹配，以客观反映学生学习行为的变化。

实施表现性评价，首先要界定评价领域和评价指标。例如，情意领域可分为接受、反映、评价、重组、形成品格五个层次；技能领域可分为感知、反应、机械动作、自由动作、独创五个层次；等等。实施评价时，应针对每个领域和等级层次制订相应的行为标准，然后选配合适的内容和形式，以测评学生的学习状态和学业水平。

特别提醒

同类能力指标下，表现性评价与传统的学科考试存在本质区别。以写作文章为例：语文课的作文考试评价主要有审题、立意、字词句章篇的要求，然后采用先定档再给分的主观性评价；综合实践活动的表现性评价关注学生高层次的智能发展，主要评价学生是否有收集、整理、筛选信息的能力，是否充分占有资料，能否主动地发现生活世界中的具体问题并进行理性思考。前者侧重于"技"，后者聚焦于"思"。

实施表现性评价要遵循以下原则，并根据学校特色、区域文化背景、教师专业水平进行调控，使综合实践活动朝有序、科学、合理的方向发展。

公平、同等的原则。每个人的能力基础及发展速度是不均等的，教师应采取"相对评价"的思维模式，强调让学生自己跟自己比较，做到"天天有改变，月月有进步，年年有领悟"，学习掌握"带得走"的心智。

信度、效度的原则。目前课程实施中，学生都处于"接"的学习状态，跳过"谟"和"神"的过程，多数"行"只是一种满足于考试要求的被动行为。行为主义的弊病就是直接联结"接"与"行"，用"刺激—反应"的黑箱理念去对待学习过程。表现性评价不能忽视"谟"和"神"的过程，应重视学生深层思考、理解领会的实际水平，并把学生的隐性学习过程显性化。评价操作中，师生合作交流至关重要。

　　程序、规范的原则。综合实践活动的表现性评价是有严格程序的（见右图）。评价的程序和规范性决定了评价的质量。

　　综合实践活动课程是新课程的焦点之一，聚集了诸多新课程理念，寄托了对教育发展的美好理想。然而，综合实践活动课程全面推广至今，实践操作中仍留有很多难点问题，其公信度、实效性也远远没有达到国家课程的理想程度。教学评价是连接理念与操作两个层面的核心问题，是课程实施的"中枢神经"。综合实践活动表现性评价的研究与实践是深入推进课程、让理想课程落地生根的有效途径。

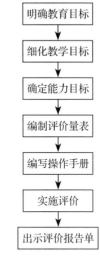

综合实践活动表现性评价的规范程序

XIAO BAN HUA JIAO XUE DE
ZU ZHI YU SHI SHI

小班化教学的
组织与实施

　　小班化教学有两个核心指向，一是与教育基本条件的改善相关的班级规模，二是与学校和教师专业行为变化相关的教育教学方式。

　　虽然小班教育的理念在我国已被广泛认可，但在当前的中小学教育体系中，小班化教学的发展水平还非常有限。因此，本讲将兼顾班级规模和教育教学方式两个方面进行阐述。

第一节
小班化教学概述

一　小班化教学的含义

从班级规模的角度看，小班化教学意味着每个班级的学生数量显著少于传统班级。班级规模的减小与教育资源的增加、教学设施的优化、师资力量的集中投入等教育基本条件的改善直接相关。在小班环境下，学生个体能够获得更多的关注，教师可以更容易地识别每名学生的特定需求，从而实施更为个性化的教学策略，提高教学的针对性和有效性。

从教育教学方式的角度看，小班化教学强调的是教学方法的革新与个性化教学的实施。实施小班化教学，教师不仅要具备更高的专业水平，如灵活运用教学方法、设计个性化学习计划、进行有效的学生评估与反馈等，还需要真正转变教育理念。否则，即使是实际的小班形式，在传统的"以知识为中心""教学即教给学生知识和技能"教育惯性的影响下，是无法实现真正意义上的小班化教学的。

二　小班化教学的优势

仅从常识出发，我们可以预测，在其他条件不变的情况下，小班化教学能带来教育教学质量的提升。这不仅反映在学生的学业成绩上，专门的研究成果也大多支持这一普遍认知。多项教育研究表明，小班化教学与提高学生学业成绩、提升学生学习动机、促进学生社会性发展等方面存在正相关。①

　　美国小班改革实验师生比例改善计划的核心成员、著名小班教学研究专家芬恩（Finn）提出，小班的优势主要不在于班级规模的减小，而在于学生投入的提升。他将学生投入分为学术投入和社会投入来论述。其中，学术投入指的是学生主动与教师配合，听从并完成教师的任务安排，积极参与师生互动，主动向教师寻求帮助等；而学术不投入行为包括上课不专心、干扰教师教学、在学习任务中退缩等。社会投入（亲社会行为）包括学生准时到校、听从教师安排、遵守班级规则、对班级有认同感与归属感、与同学和教师和睦相处、主动帮助他人等；而社会不投入行为（反社会行为）包括违反班级规章制度、逃学、迟到、早退、与同学冲突、不参与集体活动甚至搞破坏等。

　　为了说明小班化教学为什么能够提高学生的学术投入，芬恩提出了两种解释的理论。一是"在前线"（on the Firing Line）理论。在小班课堂中，每名学生都暴露在教师的视野与注意范围内，成为教师关注的中心，随时都有被教师点名回答问题的可能，经历着较大的活动参与压力。所以，学生学习更加投入，尤其是那些在大班条件下学习不认真的学生，也不得不集中注意力，投入学习活动中。与之相反，在大班，教师只能抓两头而漏一般，无法顾及所有学生。在这种情况下，那些本来就对学习不怎么感兴趣的学生就会逃离到教师的视线之外，成为"边缘人"。二是"个体可见度"（Visibility of the Individual）理论。教育心理学研究发现，每一名学生都不愿意"默默无闻"，都有"引人注意的需要"。然而，在大班环境下，为了完成教学任务，教师不得不忽略部分学生，从而造成这部分学生"引人注意的需要"得不到满足。这时，他们就会以各种异化的方式表达，如上课怪叫、做鬼脸、故意与教师唱反调以及下课大喊大叫等。而在小班环境中，诸如此类的现象就很少甚至不会发生。

---

① 陶青.班级规模作用机制探讨：小班为什么能够促进学生学习？[J].外国教育研究,2010,37（2）：87-91，96.（引用时有删改）

为了说明小班化教学为什么能够提高学生的社会投入，芬恩借助社会学与群体动力学研究成果，提出了两种解释的理论。一是责任分散（Diffusion of Responsibility）与社会不作为（Social Loafing）理论。群体动力学的研究表明，个体所属的群体规模增大，个体责任感将降低。这就意味着，班级规模越大，越容易使学生成为课堂活动的"旁观者"，他们往往不愿意或者是没有机会参与或投入集体活动中，甚至会以"少我一个不少"为由，拒绝参加集体活动并承担相应责任。二是集体归属感（Sense of Belonging）理论。研究发现，大班无法满足学生关于归属和爱的需要。因为随着班级人数的增加，学生之间的观念、态度、能力水平等各方面都有很大的差异和分歧，甚至出现矛盾与冲突。这使得学生间的情感纽带越来越薄弱，真正的互动、沟通、合作、交流很难发生。

具体来说，小班化教学的优势体现在以下几个方面。

第一，个体关注度增加。小班化教学为教师改变教学实践的方式提供了有利环境，使教师有更多的教学时间，能给予学生更多的个性化关注，更容易发现学生的学习需求、优点和弱势，从而提供更有针对性的辅导和支持。

第二，互动机会增多。小班化教学使师生、生生之间的互动机会大大增加。在小班里，每名学生都有更多机会参与课堂讨论、进行提问或回答问题。这种频繁的互动促进了学生的深层次的学习和批判性思维的培养，同时还能促进学生的社会性发展，形成亲社会行为。

第三，课堂管理优化。班级规模减小后，教师在课堂管理上面临的挑战减轻，能够更有效地维持课堂秩序，创建一个更加专注和有序的学习环境，并与学生建立良好的师生关系。这有助于维持良好的学习氛围，提高教学效率。

第四，教学方法灵活。小班教学为教师提供了更多尝试创新教学策略的空间，如项目式学习、小组合作等。这些方法往往能激发学生的学习兴趣和主动学习能力，对提升学业水平有积极作用。

第五，能获得心理和情感支持。在小班环境下，师生、生生之间会建立更紧密的联系，教师能更好地关注学生的情绪和社会情感发展，有助于形成积极的学习团体。

特别提醒

小班化教学优势的实现还依赖于其他因素，如教师的教育理念、教学水平、教学内容、学校资源等的协调一致、同步发力。如果单纯减少班级人数，没有伴随其他方面的改善，是无法充分发挥小班化教学的优势的。

三　我国小班化教学现状

仅就班级规模而言，我国小规模班级的教育实践历史悠久。但是，以质量提升为主要目的、改革原有的大班集体教学意义上的小班化教学，我国直到 21 世纪初才开始关注、研究和局部试验。二十多年来，全国各个地方都有一些学校，为了提高教学质量，把班级人数控制在 30 人左右，在区域层面和学校层面逐步形成丰富的小班化教学样例。但我国小班化教学的整体发展与国际相比，还存在较大差距，面临很多社会层面的实际困难。

（一）基础教育总体规模和教育投入总体水平之间的矛盾

巨大的教育总量和相对不足的教育投入，决定了我国多数地方和学校的班级规模很难达到小班化的要求。大规模甚至超大规模班额的长期存在，显然与教育投入的相对不足有关。虽然我国在基础教育的投入方面始终坚持逐年增加的政策，但巨大的教育总体规模决定了我国学校教育的基本模式仍然是以大班集体教学为主。目前阶段，我国一般省份对"合格"班额的要求，小学是 45 人，中学是 50 人。这与 15~25 人的小规模班额相比，仍有很大差距。

（二）较大幅度的人口出生率变化

班级规模控制的相关政策与人口出生率的变化关联明显。2010 年颁布的

《国家中长期教育改革和发展规划纲要（2010—2020年）》明确提出，要"深化课程与教学方法改革，推行小班教学"，除了教育教学本身的需要，这也是对21世纪以来我国人口出生率持续下降这一状况的回应。但在"推行小班教学"的目标还未有效实现的情况下，国家又根据我国人口结构特点放宽了生育政策。在这种情况下，地方政府和教育行政部门为了应对可能出现的人口增长，很难将致力于缩小班级规模的小班化教学作为改革重点。

（三）城市化进程

一般认为，经济欠发达地区的学校可能难以承担小班化所需的额外资源投入，所以应致力于继续改善教育基础设施和师资力量，以缩小城乡、区域间的教育差距。实际上，城市化进程带来的地方教育规模较大幅度的结构性变化，导致越是发达地区，小班化教学的推进反而越困难。

总之，社会发展对教育的制约性在我国小班化教学的推进过程中得到充分体现。今后，小班化教学的推进进度、规模、步骤、方式等，仍需要努力适应社会发展的新形势。

第二节
小班化教学的组织策略

　　任何一种教学组织方式在小班化教学中都可以采用或者得到体现。可以说，小班化教学在组织策略和方式上，与其他规模的教学没有实质性区别，只是在小班化条件下，教学组织方式的改进更容易实现，也更应当实现。这正是小班化教学的特殊性。因此，教师更应关注的是，哪些具有普遍意义的教学组织策略和方式的改革，更应当在小班化教学条件下得到实现，或者说，小班化教学组织方式的改进在哪些方面更应当先行一步。

　　在关注具体策略和方式的改革之前，我们还应明确这些改革应当体现的共同的教育价值。

一　确立小班化教学的核心价值

　　新课程的推进要坚持一个核心价值——确立学生在教育教学中的中心地位，促进学生的个性化发展。正如有研究者所阐述的那样："个性化教育"理应成为所有教育的主要指向，是一切教育内在的、本质的、终极的追求。[①]这一核心价值在小班化教学中应当得到更加充分、有效的体现。

　　从世界各国的实践看，实施小班化教学的主要动机都指向教育效率的提高。教师应当建立一种什么样的教育效率观，明确这一点非常重要。否则，小班化教学在促进学生个性化发展方面的核心价值就很难得到体现。

　　从三百多年前班级授课制成为学校教育的主要形式开始，单纯工业化的、批量生产式的传统教育效率观就倾向于关注在单位时间内教师教学的覆

---

① 吴永军.我国小班化教育：成绩、困境与展望［J］.课程·教材·教法，2014（2）：25-31.

盖面。夸美纽斯在他的《大教学论》中提出，采用分班级集体上课的形式，将会获得最高的教学效率，并且能使过去在个别教学条件下无法入学的孩子也可以因为教学规模的扩大而得到受教育的机会，以实现在班级集体教学模式下"把一切知识教给所有的人"。班级集体教学通过批量生产的方式所实现的效率是显而易见的，也是符合当时社会发展情况的。以至于从教学组织上看，整个现代时期的教育都呈现为以班级集体教学为主要形式，其他的形式都只是局部的尝试和实践。

但是，这种传统教育效率观的根本前提是把一个集体中的所有学生设定为相同的教育对象。这样，学生就像是相同的材料，可以进行相同的加工，以得到相同的产品。然而，恰恰是天然存在的人的个性化和差异性真正决定了现代教育变革的基本走向。小班化教学虽然不是变革的全部，但它的核心价值诉求即促进学生的个性化发展，却是清晰而坚定的。

促进学生的个性化发展，要形成、秉持这一教育价值观，需要我们充分关注以下两个方面。

（一）摆脱产品思维

物质化的产品，在某种功用上，只要它的指标达到使用要求，它就是好的产品。但是，人不是产品，对人进行的教育也不是为了产出某种产品的工具，不是为了达成某种功用而采用的手段。人本身就是目的。对人的个性发展的全面保护和促进，才是教育的目的。简而言之，教育的目的是让人成为人，让不成熟的个性趋于成熟，得到展现。

如果把教育的过程隐喻甚至明喻为"生产"或者"加工"的过程，就容易从单纯的"产出"角度对教育进行价值判断，可能会在进行小班化教学研究时，对小班化教学改革前后的升学数据进行简单对比，甚至还可能得出这样的结论：小班化及相关改革进展较慢的学校，反倒在学业水平考试中获得不错的成绩。

进行这样的简单对比，需要警惕两个方面的问题。首先，我们在前文已经阐述，即便在学业表现方面，小班化教学有一定的优势，因为学生在小班化教学环境下会有更多的学术投入。而得到以上的反常结论，很重要的原因是未对影响学生学业质量的其他变量，如教师队伍情况、管理方式、学生原有的基础等进行完整、严格的控制，导致以上反常的结果很难得到解释。其次，单纯的升学数据对比体现出的是教育的产品思维，是从"产出"角度对教育进行的价值判断。单纯以是否有利于学业成绩提高为标准，判断小班化是不是有价值、值不值得去推进，显然违背了小班化教学乃至教育的核心价值。如果我们不改变对教育价值的基本把握，不回归教育的初心，小班化教学乃至所有的教育改革，都可能会走偏，都可能以"改革"之名把教育变为达成某种外在目的的工具。

（二）关注过程质量

单纯以考试结果来衡量教育教学的质量，除了源于对教育核心价值的认知偏差，还源于对教育过程的忽视。教育即生长。对学生发展而言，教育的真正意义扎根于教育展开的过程中。好的教育应当展开为每名学生的个性表现的过程，展开为对这种个性表现的尊重、发现和促进的过程。

同样，小班化教学的实施也应当强调以学生的差异为教学起点，在教学设计中，充分了解学生的经验、能力、兴趣、性格等差异；在教学过程中，采取适合个别学生和保障全体学生参与的教学策略；在教学内容的选择上，力求配合学生的经验、兴趣及需要，使学生有一定的选择权；在教学评价上，以学生差异化发展为目标，促进每名学生的个性化成长。

在小班环境下，如何以促进学生个性化发展为核心目标来展开教学？江苏省南京市在十多年的小班化教学研究中，非常重视对教师的策略引领和方法指导，提升教师的专业水平，统筹推进从教学设计到评价实施的整个小班化教学过程。[①]

1. 发挥先学后教的导学功能

改变原先的"先有教再有学"的惯性思维，倡导学生的学可以发生在教师的教之前。教师通过对学生开展先学方法和策略的指导以及习惯

---

① 本材料由南京市小班化教育研究所提供。

养成的培养，发展学生的自主学习能力；通过对学生自主先学情况的反馈，真正把握学生的学习基础和认知差异，以准确设定课堂教学的起点、重点和难点；通过让学生经历课前的学习和思考，带着问题和认识进课堂，为在教学中设置以学生为主体的教学活动奠定一定的认知基础。

2. 设定差异化的教学目标

设定差异化的教学目标，并不是要降低课程标准的要求。差异化的教学目标的程度特征是：基础薄弱的学生能吃得下，基础好的学生能吃得饱。差异化的教学目标要为那些在大多数学生达到目标之前就完成学习任务的学生提供一些必要的拓展和深化机会，为那些在大多数学生达到目标之后还没有到达目的地的"慢孩子""弱孩子"留有余地。对于后者而言，教师更加需要将学程分解细化，为他们小步子、缓达标提供持续的支持。

3. 准备差异化的学习内容

差异化的学习内容是对同步教学内容的补充，可以是补充性阅读材料、延伸性探究任务、基础性或拓展性习题训练等。教师可借助团队合作的力量，开发针对主要学习内容的差异化学习内容资源包，用于基础补缺、背景支持、延伸拓展、强化巩固等。

4. 设计差异化的学习方式

学生学习方式的差异，主要表现为认知风格差异决定的个人信息加工方式、学习方式、学习习惯的差异。根据学生学习方式的差异，可更多地采用"合—分结合"的教学模式：在多数学生同步学习的同时，少数学生或个别小组独立学习；在多数学生分组学习的时候，少数学生在教师指导下学习等。

5. 提供差异化的个别辅导

在教学过程中，教师应及时跟踪学生的学习情况，客观地进行学情分析，做到课前预习分类要求、教学设计关注差异、课堂教学分层指导、课后辅导适性及时。

6. 做好贯穿全程的反馈评价

课堂应及时反馈、及早跟进。在小班环境下，评价的"四高"要求（高覆盖、高频率、高效率、高质量）和"四性"要求（全维性、全员性、全程性、全息性），更容易也更应该实现。

二　推进小组合作学习

小组合作学习是教学组织形式创新最重要的途径之一。教师是否在班内采用小组合作学习的方式，小组合作学习的效果怎样，这些都与班级人数有直接的关联。一般来说，理想的小组规模应维持在 4~6 人，一旦班级人数超过 25 人，就可能出现 7~10 人的大组。班级规模较大，教师就需要在指导更多数量的学习小组与管理更大规模的学习小组之间做出权衡，这会对课堂时间的有效利用及教学效果产生不利影响，同时也会削弱学生参与小组活动的积极性。较大型的小组会减少个别成员的参与度和表现机会，导致其在整个合作学习过程中的学术投入和社会投入都不足。而在小班化课堂中，时间和空间有了较高的灵活度，师生、生生之间的互动与合作变得密切、频繁，有利于推进小组合作学习。

小组规模会直接影响互动深度与课堂管理。一方面，在小班授课环境下，小组规模适宜，小组内部合作紧密，学生有更多表达见解和接受反馈的机会，这有利于增强学习的互动性和有效性；另一方面，小班化还简化了教师的管理和指导任务，使教师能给予每组学生更细致的关注和个性化的指导，从而能充分发挥小组合作学习的优势，促进全体学生的积极参与和均衡发展。可见，小班化教学对优化小组合作学习模式、提升教学质量和学习成效，具有明显的支持作用。

如何建立合作小组？如何组织组内和组间的教学程序？这是小组合作学习的两个核心问题。我们在第三讲已经有详细的讨论。总体上看，分组往往采用"组内异质、组间同质"的原则，要综合考虑小组成员的性别、性格、能力、兴趣、特长、风格，根据成员优势分配任务，确保组内分工合作，真正实现异质互补。小组之间也需要形成一种竞争中有合作的关系，各小组负责承担并完成总体任务中的不同类型或不同层次的活动，协同完成综合性项目，也可根据兴趣或特长自主选择不同的项目或课题进行探究。

特别提醒

> 组内异质不是唯一的原则。教师若在小班内进行分层教学，则可根据学生现有的知识基础、智力水平、学业表现等差异进行同质分组，将水平差不多的学生组成学习小组，组与组之间划分出层次。这样基于"组内同质、组间异质"组建的小组，匹配不同的教学目标、教学要求和教学方式。可见，分层教学不只是教学难度和作业练习的分层，还包括教学目标、教学设计、评价反馈等的分层。这也正是小班环境下更易实施分层教学的原因。

三　实施综合性学习

《义务教育课程方案（2022年版）》提出了义务教育课程的基本原则，其中"加强课程综合，注重关联"这一原则要求"加强课程内容与学生经验、社会生活的联系，强化学科内知识整合，统筹设计综合课程和跨学科主题学习。加强综合课程建设，完善综合课程科目设置，注重培养学生在真实情境中综合运用知识解决问题的能力。开展跨学科主题教学，强化课程协同育人功能"。该方案还对各科课程标准的编制提出了要求，如"基于核心素养培养要求，明确课程内容选什么、选多少，注重与学生经验、社会生活的关联，加强课程内容的内在联系，突出课程内容结构化，探索主题、项目、任务等内容组织方式。原则上，各门课程用不少于10%的课时设计跨学科主题学习"。

实施综合性学习的核心目的在于矫正长久以来的教学实践偏向，即将知识简单地视为学习的终点，而忽视了知识的活力所在——在现实生活场景中综合运用这些知识来解决复杂多样的实际问题。长期忽视这些，会使学生在面对复杂的新情境时显得束手无策，也不利于学生创新思维和实践能力的发展。

综合性学习的引入正是为了打破这一僵局，重新定义学习的本质。它倡导的不仅是知识的获取，更重要的是知识的整合与转化，强调从跨学科的视角，将孤立的知识点编织成解决问题的网络，促使学生成为主动探索、合作创新的问题解决者，学会综合运用所学知识与技能，在不确定的环境中寻找解决方案，以发展综合素养与实践智慧。

实施综合性学习是对所有学校、班级的共同要求。而小班化教学在综合性学习、跨学科主题学习方面有更加便利的优势，也更应当率先进行实施和尝试。在小班里，教师能够相对容易地根据学生兴趣和能力制订学习计划，设计综合性学习或跨学科主题学习项目，引导学生在小组合作中学习如何整合不同领域的知识，解决实际问题，促进批判性思维、创新能力和团队合作精神的培养。

因此，小班化教学更应积极探索和实践综合性学习。通过小班先行先试，积累宝贵经验，为其他规模的教学班提供可借鉴的模式与策略，进而推动整体教学实践向更加综合化、实践化的方向发展。事实上，在实施小班化教学的学校，综合性学习的组织已经成为突出的亮点。例如，广东省广州市东环中学实施小班化教学，极大地推动了综合性学习的发展。①

在小班教育中，我校的宗旨是"关注、精细、优质"，注重学生的形成性发展和过程性评价。为此，笔者制作了一个"综合性学习活动追踪表"。表上记录了学生三年来参加综合性学习活动的情况，每一次活动都会根据学生的表现打分，累计一个学期就计入该学期的语文平时分，占总评的30%。统计三年的等级情况，作为考核依据，体现在毕业德育考核上。这样，既能让教师对学生三年来参加综合性学习的情况有全面的了解，也能让学生养成重视综合性学习活动的习惯。

---

① 林丹妮.乘小班教育东风，让综合性学习"动起来"［J］.语文教学通讯（学术刊），2017（10）：11-13.（引用时有删改）

四 促进个性化自主学习

培养学生的自主学习能力，使他们成为终身学习的践行者，是教育的核心目标之一。教师的关键任务在于引导学生超越传统意义上的"学会"，迈向更为主动和深入的"会学"。在小班环境下，教师能更加聚焦设计个性化的学习路径，亲自指导并辅助学生探索多样化的学习方法。

个性化自主学习是一个全方位的过程，包括自我设定学习目标、挑选学习材料、选择学习策略、监控学习进度、选择作业练习、评估学习成效等多个维度。个性化自主学习的组织策略，除了在第二讲所阐述的，对于小班化教学来说，还应特别强调以下两点。

（一）整合数字化资源以促进个性化自主学习

现代信息技术的发展为教师指导学生开展个性化自主学习提供了技术和资源支持。互联网上由各个地方、不同行业精心打造的微课程和大型、开放的在线课程（慕课）等多样化资源是海量丰富的，足以满足学生的各种学习需求。数字化教育平台和信息技术工具的发展也能充分支持学生开展自主、合作、探究性的学习，为学生的个性化、创造性学习提供条件。

很多学校依托数字化教育平台，实施"小班直播授课 + 个性化辅导"的教学模式，利用可量化的数据分析和学习轨迹追踪，让原来隐匿的、个性化的学习过程变得有迹可循，为教师精准施教和实施个别指导提供有力支持。此外，"翻转课堂"模式的广泛应用，也正是基于学生能在课外进行个性化的在线自主学习。2022 年，教育部启动的国家智慧教育公共服务平台是国家层面推动教育数字化战略的重要举措。该平台汇集了丰富的教学资源，不仅意味着教学资源的极大丰富，更为现代信息技术与个别化教学的深度融合提供了可能性。在小班环境下，教师更能高效地依托教育平台、数字化资源、信息技术工具，构建一个以学生为中心、鼓励探索、自我驱动和持续成长的自主学习生态。

（二）精心策划个性化自主学习路径

促进学生开展个性化自主学习，并非放任学生自行其是，而是在教学框架内引导他们主动探索。与纯粹的个人自学相比，个性化自主学习是教学过程的一个环节。为了提高学生学习的目的性和学习效率，教师不仅要把个性化自主学习作为教学的基本环节加以设计和规划，还要持续监督、评价学习设计的执行效果与质量。江苏省南京市逸仙小学的课前学习单，是比较普遍且有效的个性化自主学习设计方式。[①]

我们发现，即便是小班化教学，在课堂里的真正的学习也不一定会发生。刚开始实验时，我们就发现了问题：学生在课堂上的学习经常浮于表面，很浅显，思维缺少深度。

经过多次思考、讨论、实践，我们意识到，短短四十分钟的课堂有那么多学习任务，而学生在课堂上又是刚刚接触到所学知识，他们没有充分的时间，怎么能实现深入联系和思考呢？那么，如何解决这个问题呢？我们认为应该把学习延伸到课外，把课堂教学作为整个学习链的一个环节。

为此，我们组织教师设计每个学习内容的课前学习单，旨在帮助学生完成课前的自主学习。每张学习单上都会提出能牵动对整个课堂内容理解的一两个问题，以提升学生自主学习的思维含量。学生通过完成课前学习单，能对学习内容有初步的感知、有必要的思考、有重点的接触、有难点的发现，进而对所学习的内容产生兴趣。同时，我们要求教师通过设计课前学习单，能更好地把握教学内容的重难点、学生的困惑点和教学的突破点；通过批改课前学习单，了解学生课前的自主学习状态，明确课堂学习的起点，选择课堂学习的方式。

课前学习单的使用，明显提高了课堂的思维含量。学生因个体差异对学习内容产生的多元解读，使得课堂讨论更加活跃、丰富。这种以个

---

① 本案例由江苏省南京市逸仙小学提供。

性化自主学习为导向的教学设计，不仅促进了学生对知识的深入理解，还激发了他们的学习热情，有利于生成高效、活跃的课堂。

江苏省南京市建宁小学语文教师许宁凤基于学生优势智能的分布特点，又将课前学习单进行了细化，对学生个性化自主学习的具体方式进行了多样化的设计，重在规范学习细节，培养学生良好的学习品质，提高学生自主学习的能力。[1]

1. 自助式预习导航：关注差异

要想让不同水平层次、不同性格特点和特长优势的学生都能在预习的过程中获得成功的体验，教师就必须因材施教，设计多元的预习导航单，让每一名学生都能利用自己的优势智能，在原有的基础上主动、积极地发展。预习导航单中的问题和练习，可以难易有别，区分不同思维含量，让学生根据自己的水平层次选择。

2. 自创式预习导航：开发潜能

自创式预习导航即学生根据自学情况，基于对课文的理解，结合自己的优势智能，寻找切入角度，自主出题，自问自答。这给学生的课前预习增加了趣味性和创新空间，促使作业类型不断丰富。学生还给自己的题目取了不少有意思的名字，如读音辨别的"金嗓子"、字形练习的"火眼金睛""双胞胎"等。自主出题照顾了学生的不同需求，开发了学生的潜能，成为预习作业的一大亮点。

3. 个性化预习导航：调动兴趣

如何在预习阶段充分调动学生学习语文的兴趣？这一问题值得教师关注。单调乏味的预习作业应当被摒弃。个性化的预习作业有助于消除学生对预习的"审美疲劳"，让学生在获得新鲜感的同时，对所学课文充满学习期待。这也符合学生的学习心理，如允许学生用不同的方式表

---

① 本案例由江苏省南京市建宁小学许宁凤提供。

达对课文的初步了解，根据自己的喜好及特长呈现文字、表格、思维导图、图画等作业形式。

五　开展促进学生发展的评价

小班化教学中的评价是促进学生全面发展、提升教学质量不可或缺的一环。小班环境以其师生比例优势，为实施更加全面、深入、个性化的评价实践创造了条件，不仅能更好地满足学生的个性化学习需求，更能激发学生的学习动力，培养其自主学习和终身学习的能力。

（一）小班环境下的评价优势

1. 促进个性化学习

小班化教学中的评价能够更加细致地捕捉每名学生的独特学习风格、兴趣爱好和能力水平，为教师选择针对性教学策略提供依据，确保教学计划和教学过程最大限度地与学生实际相匹配，从而挖掘学生潜能，促进个性化学习。

2. 增强互动与反馈

小班环境有利于实现师生间频繁且深入的交流。教师能做出即时的具体评价，学生能获得即时个性化的反馈，这对于有效调控课堂、调节策略，进而提高教学效率有重要作用。

3. 培养自我评价能力

在小班化教学中，教师能更有针对性地引导学生进行自我评价，帮助学生建立自我反思的习惯，学会自我监控学习过程。这不仅能提升学生的学习自主性，也有利于其元认知能力发展和终身学习能力的培养。

（二）小班环境下的评价建议

基于评价的重要性，任何一种教学组织形式都不应忽视评价反馈环节。因此，关于如何开展促进学生发展的评价，本书已在多处论述。在小班环境下，以下几点评价建议是更易也更应去推进落实的。

1. 评价方法多样化

小班化教学更便于采用多样化的评价方法和手段，包括形成性评价（如日常观察、课堂讨论、学习日记）、总结性评价（如项目作业、期末考试）以及同伴评价和自我评价，有利于从多角度、多维度考查并反馈学生的学习状态。

2. 重视过程性评价

评价应重视学生学习过程中的努力和进步，而不仅是最终结果。教师可以通过观察学生在小组讨论、项目合作中的表现及其学习态度和努力程度来评价学生，鼓励学生在学习旅程中的每一步都要全力以赴。

3. 利用现代信息技术辅助评价

利用数字化工具和平台（如学习管理系统）进行数据收集和分析，可以帮助教师高效追踪学生的学习轨迹，及时发现学生的学习瓶颈，个性化推送学习资源和反馈，同时还能减轻教师的工作负担。

4. 推进家校合作评价

小班化教学有利于推进家庭与学校之间的紧密合作。家长可以参与到评价过程中，了解孩子的学习进展。家校双方共同为学生提供支持和鼓励，形成全方位的评价与激励体系。

第三节
小班化教学与教师专业发展

一　小班化教学呼吁教师专业发展

小班化教学不是大班教学的简单翻版，其意义远不只缩小班级规模。实施小班化教学，其根本意义在于推进教学组织策略方式的变革。实现这种变革的基本保证是教师能够形成和发展与变革相匹配的专业能力，教师要有意识和能力去设计、实施与小班化教学匹配的教学组织策略。

在本书开篇，我们已指出，传统的班级授课模式一旦被打破，教师很快会陷入另一种尴尬的境地，教学组织方面的专业化短板问题就会暴露出来。在小班环境下，教师和学生一样，同样置身于一个全新且陌生的教学环境，面临如何高效组织个性化、差异化教学活动的挑战，如何设计并实施小组合作、项目式学习、探究式学习等多样化的教学活动，这些都需要专业能力的支持。教师专业能力的提升，不仅意味着对教学内容的熟练输出，更意味着对教学方法的创新应用，对学习环境的灵活营造，以及对学生个体差异的敏锐洞察与有效响应。

然而，当前多数中小学教师的专业成长基本上是在大班额集体授课制的背景下完成的。从多样化教学组织的角度看，我国中小学教师的专业能力普遍存在结构性不足的问题。现实情况是显而易见的，教师能不能实现专业进步，直接影响小班化教学的质量，这一点也被众多理论研究反复证实。[1]

---

[1] 陶青.班级规模作用机制探讨：小班为什么能够促进学生学习？[J].外国教育研究,2010,37(2):87-91,96.（引用时有删改）

美国加利福尼亚州的小班改革，年耗资数十亿美元，却不仅没能提高学生的学业成绩，反而造成部分学生成绩下降。主要原因在于，虽然班级规模减小了，但教师并没有改变。这就说明，小班改革要想取得成效，就必须让教师"动"起来。威斯康星州小班改革学生教育成绩保证计划的课堂观察也证明，小班改革的关键主要不在于班级规模的减小，而在于由班级规模减小所引起的教师改变。这正是美国在加利福尼亚州改革失败后大力推进教师素质提高的重要原因。

众多学者认为，小班为教师使用各种富有创新意义的教学方法与策略，如探究性学习、研究性学习与自主合作学习等创造了良好条件。能否充分利用这些条件取决于教师是否从根本上改变教育观、教学观、课程观与学生观。

然而，教师的改变并非易事，它不会自然发生，需要一个长期的转变过程。要完成这一转变，必须依靠切实有效的教师专业发展路径。这向我们提出了在小班改革中教师专业发展的课题。

二 形成促进教师专业发展的制度保障

实施小班化教学，有必要把促进教师专业发展作为一项专门的工作加以设计，以形成制度保障。

首先，小班化教学的实施需要教师以改革者的身份进入教学环境，其工作负担会有较大幅度的增加，也会面临更大的压力。学校应在制度层面形成保障，保护教师的利益，保护他们参与改革的积极性，如可适量减少教师的任课时数，为教师提供充足的、便于使用的设施设备条件，给教师以适当的物质激励等。

其次，在开展小班化教学的学校，教师往往承担不止一个科目的教学任务，这就需要对教师的职前培养和职后培训进行专门的规划。目前，"全科教师"培养模式在很多地方都有尝试。一般情况下，对小学全科教师的要求是，既要能胜任小学语文、数学、英语的教学任务，也要掌握音乐、舞蹈、美术、书法的部分技能。培养全科教师的目的，一方面是适应农村偏远地区小规模学校的现实需求，另一方面也是一般学校为了实现整合式的课程教学目标。这种全科式的教师专业标准，对小班化教学来说尤其适合。"全科教师"的培养和培训必须有很强的计划性和制度保障。

三　增强小班化教学专业培训的针对性

　　小班化教学专业培训的针对性问题目前还没有得到足够重视，缺乏专门的研究和规划。已经习惯于大班教学的教师，如果只是接受一般意义上的通识培训，其实并不能真正解决他们的小班化教学的专业发展问题。

　　小班教学与大班教学是两套系统。但是在教学组织的操作层面，教师教学习惯的力量是很大的。不是大班变成小班后，教师就会改变原来的教学习惯，也不是直接强化大班教育模式就可以提高小班教学质量。国外的小班化教学改革过程也表明，很多情况下，不仅教师不知道怎么组织小班化教学，改革的组织者和培训者其实也缺乏专业准备。

　　具有针对性的、有效的教师专业发展能够在一定程度上促进小班化教学优势的发挥。相反，没有针对性的教师专业发展则会在一定程度上削弱小班化教学的优势。例如，美国的小班化教育改革几乎都有关于教师专业发展的内容，但对教师访谈的结果表明，相关培训对教师教学行为并没有产生明显的影响。这说明，人们对针对小班化教学的教师专业发展的认识不够充足，有些学校还在用学科培训作为对小班教师的培训，培训缺乏针对性。因此，我们必须重新认识教师专业发展的问题，厘清小班化背景下教师专业发展的内涵、特点等。[①]

四　争取更多专业机构和教育部门的参与

　　现实中，一般意义上的教学改革在普通中小学还存在各种各样的困难，

---

① 孟媛.美国小班化教育研究：基于班级规模作用机制理论［D］.长春：东北师范大学，2011.

改革步伐相对较缓。在这种情况下，学校以小班化教学改革为示范加快推进改革进程的动力就显得明显不足。获得来自学校外部的专业支持，特别是整合专业研究机构、高等院校、教科研部门的力量，将是当前阶段推进小班化教学改革的重要路径。例如，江苏省南京市在推进小班化教学的研究与实践过程中，由教育行政部门协调，以南京市教研室和南京师范大学教科院为主体，共同建立了专门的小班化教育研究所，实现了行政组织力量与专门研究力量的有效整合。

目前，我国大部分专业机构和教育部门的小班化教学研究也是其自身专业结构的盲点和弱点。但是他们有较强的专业建构能力，若能动员各方力量，加强合作，就能以行动研究的方式推进教师的专业发展。

WANG LUO HUA KE TANG JIAO XUE DE
ZU ZHI YU SHI SHI

网络化课堂教学的
组织与实施

早在 2010 年,《国家中长期教育改革和发展规划纲要(2010—2020 年)》就已明确指出信息技术对教育具有革命性的影响力,强调要提升教师的信息技术应用能力,鼓励更新教学观念,改进教学方法,以提高教学实效,并倡导学生主动利用信息技术进行自主学习,提升问题解决能力。《义务教育课程方案(2022 年版)》进一步明确,要积极探索新技术背景下学习环境与学习方式创新,充分发挥新技术优势,推动线上线下教育的深度融合,服务于每名学生的个性化学习。

第一节
网络化课堂教学概述

现代信息技术的迅猛发展，尤其是互联网、大数据和人工智能等前沿科技的崛起，构成了各行各业技术革新和改革发展的核心推动力。为了抓住这一历史机遇，国务院相继出台了《关于积极推进"互联网+"行动的指导意见》《新一代人工智能发展规划》等指导性文件，旨在通过"互联网+"与"人工智能"的深度融合，为经济社会发展注入全新动能。

课堂是教育信息化的主要阵地。课堂教学与信息技术深度融合，提升教学质量，是基础教育信息化成功的关键，也是当前课堂教学改革的突破口。

一 网络化课堂教学的含义

网络化课堂教学是以建构主义等学习理论为指导，以促进学生核心素养发展为宗旨，运用物联网、云计算、人工智能等智能信息技术，打破时空限制，创设网络化、数据化、交互式、智能化的学习环境，师生、生生多维度共同协作，支持线上线下一体化、课内课外一体化、虚拟现实一体化的全场景教学模式。网络化课堂教学以学生为中心，能真正实现个性化学习和因材施教，有利于促进学生学习方式的转变，确立学生在教学中的主体地位，为学生的个性化学习、体验式学习、自主学习、合作学习、探究性学习提供条件。此外，网络化课堂教学还能提高学生的信息素养、创新精神和实践能力。

新一代网络化课堂教学是 Web2.0、大数据、人工智能等信息技术最新成果与课堂教学深度融合的创新结果，根本目的在于打造智能高效课堂，以促进学生核心素养的发展。

根据学生的身心发展水平和教学任务的性质，网络环境下的教学活动主要表现为两种类型：一种是在线上或线下教学过程中，主要由教师运用信息技术手段，激发学生的学习兴趣，帮助其理解一些较为抽象的现象或过程；另一种是在学习的整个过程中，由学生在"云—台—端"的整体架构中，运用智能终端，开展个性化自主学习。教师主要进行大任务或问题情境的设计和推送、学习资源的整合和发布、互动性学习活动的组织、及时评价和反馈。第二种形式除了有助于实现教学的高效性，还能培养学生的创新精神、信息素养，发展学生的社会性和个性。当前流行的智慧课堂就是典型代表，具体活动包括在开放的环境中协作交流、个性化学习路径规划、个性化资源发布、维护学习空间、开展线上线下泛在学习、进行自我评价和学习调整等。

从目前学校的物质条件、师资水平以及学生的年龄特点看，两种形式的教学活动皆不可偏废。但后者是新近出现的课堂形式，而且符合时代发展的要求和趋势。因此，本讲侧重阐述第二种网络环境下的课堂教学的组织策略与技术。

二　网络化课堂教学的特点

（一）自主性

互联网技术，特别是物联网、云计算及人工智能的融入，为学生提供了海量、多媒体、立体化的学习资源。这些资源的多视野、多层次和多形态性有利于学生多感官参与学习，是实现自主学习建构的重要支撑。网络化教学场景下，课堂互动变得更加灵活、高效，评价与反馈也更易实现即时化和动态化，这些都有利于促进学生的自主学习。

Web2.0时代倡导的用户参与、开放分享的理念更易激发个体的热情和智慧。个人在互联网中既是信息的阅读者、享受者，又是信息的创造者、传播者。这样的学习环境更能使学生在互动、分享与协作中深化自主学习体验。

（二）交互性

与传统教学相比，网络化课堂教学显著增强了教学交互的广度与深度。传统教室环境中的交互形式较为单一且受限。网络技术的应用打破了这一局限，不仅实现了更加丰富的人机交互，确保学生能即时获取反馈与多模态学习资料，更重要的是，它拓宽了人际交互的边界，实现师生、生生乃至学生与专家之间的多维度交互。教师可依据学生的即时反馈灵活调整教学策略，并提供适宜的指导；学生不仅能与教师保持紧密沟通，还能跨越地域限制，向网络平台上的各领域专家提出疑问、请求指导、发表自己的意见。此外，网络环境下的合作学习通过论坛、社交群组、微信公众号等多种在线平台，促进学生群体间深层的思想碰撞与知识共享。网络讨论不仅有助于克服传统课堂在空间和时间上的约束，还能为学生提供展示自我、参与广泛交流的机会，以有效提高学习的互动性和深度。教师还可以基于网络化课堂教学的交互性，设计高效的小组合作学习任务。

（三）个性化

传统课堂教学，学生使用相同的教材、聆听统一讲授、参考一致的学习资料。这种统一内容和方式的教学侧重于塑造统一标准的人，却忽视了学生个体性、差异化的学习需求。教师被迫按照多数学生的平均水平规划课程，严重限制了学生的个性发展与潜能释放。

相比之下，网络化课堂教学凭借其独特的信息数据库管理和双向交互功能，能够全方位跟踪记录并分析存储学生的学习轨迹、兴趣倾向及阶段性成果，为教师精准勾勒出每名学生的学业和成长肖像，有助于提出个性化的学习指导建议。师生之间借助网络实现即时沟通，也能确保教师快速掌握学生的学习成效，适时调整策略，促使学生依据自身优势采取最适宜的学习路径。这从根本上消除了传统教育"千人一面"的弊端，真正开启了个性化教育新篇章。

（四）虚拟性

虚拟现实（Virtual Reality，VR）技术与增强现实（Augmented Reality，AR）技术正逐步渗透至网络教学领域，为学习方式带来革命性变化。VR 技术创造的三维虚拟世界，通过模拟视觉、听觉乃至触觉体验，使学生有身临其境之感，在虚拟环境中自由探索、互动。AR 技术把计算机生成的虚拟物体、场景或系统提示信息叠加到真实场景中，巧妙地将虚拟元素投射到现实世界，为学习场景添加新的维度，实现对现实的增强。

虚拟技术的应用，使传统课堂中一些无法亲身经历、亲自感知且抽象难解的现场或过程，如地质学中的地震成因、生物领域的光合作用过程等，变得鲜活可感、直观易懂。例如，教授《观潮》一课，为了让学生对钱塘江大潮形成深刻、直观的认识，传统的做法是让学生欣赏图片和视频。如果利用计算机虚拟技术，学生带上头盔和眼镜，就仿佛站在钱塘江两岸，置身其中，亲眼目睹大潮汹涌，再去理解语言文字，一定会有非常深刻的感受。学生经历这样的体验式学习，不仅能极大提升学习热情，而且有助于主动建构与深层理解知识。同时，情境化的虚拟仿真，增强了所学知识的灵活性和可迁移性，有助于提升学生在不同情境下的应用与转换能力。

三　网络化课堂教学的原则

组织网络化课堂教学，必然要综合运用各类信息技术，并整合大数据、人工智能、云端服务平台及移动设备等。确立网络化课堂教学的原则实质上是厘清信息技术在课堂上的应用准则。教师应依据学校的发展定位与特色，兼顾学科特性、教学目标及学生特质，灵活采纳多种教学策略，促进教学内容与技术的深度融合。除了遵循通用的教学设计理念与规律，将信息技术整合于学科教学，还要特别强调以下原则。

（一）体现课程基础目标与学生发展目标的统一

信息技术与课堂教学的深度融合，首先要保证学科教学目标的实现。在此基础上，教师应精心设计基于真实问题和学科内容的任务情境，帮助学生在应用网络技术的过程中，培养和发展综合素养。实践中，必须规避两个常见误区。

1. 避免目标分离

不能将课程的基础目标与学生发展目标割裂开来，单独设计所谓的信息技术整合活动和环节，孤立地培养信息素养。例如，有些教师将教学活动人为划分为"基础课"和"信息技术整合课"，前者专门用于实现课程标准的要求，后者专门用于培养学生的信息素养，这不仅会消耗宝贵的课堂时间，还会造成学生认知的混乱。

2. 防止基础缺失

不应在学生尚未牢固掌握学科基础知识和基本技能前，急于推进综合信息素养的培养。例如，在学生未能熟练掌握课文中的基础字词与文本理解之前，就要求他们花费大量的时间上网收集、加工信息、表达观点，这样既无法有效达成语文的基本教学目标，也难以真正提升学生的综合信息素养。

（二）促进信息技术应用与教学方式创新协同发展

现代信息技术在支持现有教学方式的同时，也在推动教学方式的革新。教师应巧妙整合各类信息技术与网络资源，为学生的自主学习、主动探究、问题解决、合作交流等提供有力支持。在这一过程中，应积极探索适合信息技术环境的教学方式，如基于网络的探究性学习、远程协作学习等，实现技术应用与教学方式变革的相互促进，防止技术简单堆砌导致的"机械电灌"。

（三）充分利用信息技术的独特价值

在教学设计阶段，教师应围绕学科特点、教学内容及教学目标，着重分析信息技术不可替代的优势，并通过适当的教学策略充分发挥这些优势。尽管信息技术在内容展示、情境创设和个性化教学上拥有显著优势，但这并不意味着它是适合所有教学场景和教学目标的万能技术。较高的应用成本和某些技术的不成熟，会导致部分教学应用可能不尽如人意。因此，教师在教学设计时要审慎评估：所选用的信息技术工具、教学平台、数字化资源等是否与当前教学内容、学生特质及教学目标相匹配？它们在实现当前教学目标方面是否具有不可替代的优势？如何通过高效的教学策略与教学管理，将这些潜在优势转化为实际教学成果？同时，还应预见并规避可能的负面效应，以消除因信息技术的应用可能出现的不利影响。

总之，不能将信息技术的优势泛化，不加选择或者无差别地运用于所有教学内容和教学活动中。

（四）促进现代信息技术与传统教学技术的结合

现代信息技术发展迅猛并不断为教育教学提供强大支持，但这并不意味着传统教学技术价值的消亡。黑板、粉笔、挂图、模型、学具等传统教学工具在中小学教学中曾经发挥了重要作用，现在仍然具有独特的教育价值。教师在整合信息技术的同时，应立足学校实际，将现代信息技术与其他教学工具、数字化教学资源和非数字化教学资源有机结合，综合运用，发挥各自优势，收获整体效益。

（五）满足学生的个性化与多样化发展需求

教学设计之初，教师应细致分析学生在认知特点、已有知识背景和经验等方面的差异，利用网络技术的高互动性和支持个性化学习的优势，为不同认知水平、学习风格及发展需求的学生打造专属学习空间，提供有针对性的学习资源与工具，鼓励学生自主探究，促进个性化成长。

（六）重视教学活动的社会性和学生的社会化发展

教师在运用信息技术时，要防止过度依赖技术而忽视教学活动的社会性，避免出现用技术活动取代社会活动、用人机互动割裂人际交往的做法。例如，用学生在网络平台上的讨论取代面对面的师生、生生之间的人际交往和情感互动等，这种做法难以满足学生的情感需求，会影响学生的学习动机进而影响学习效果，也不利于学生社会化的发展。

因此，教师应重视信息技术在支持、增进交流互动方面的正面作用，并将依赖于信息技术的交流互动与真实的人际交往活动相结合，构建一个教师、学生、技术相互促进的教学环境。在此环境中，学生不仅能合作建构知识，还能学会有效表达、交流思想与团队合作，成长为具有良好的社会责任感的个体。

第二节
网络化课堂教学的实施

一 网络化教学活动的常见模式

互联网的普及极大地拓宽了教学的边界，使高质量的学习资源随手可得。学生可以随时随地获取需要的知识和信息。知识传播媒介日新月异，不仅丰富了学习内容与方式，也使学习过程更加多元化和个性化。传统单一的知识灌输模式被逐渐摒弃，取而代之的是多元化的教学创新。直播教学、翻转课堂、游戏化学习、个性化混合学习、自适应学习、创客教育等新兴模式应运而生，为学生提供了丰富的学习体验。这些教学模式强调学生的参与、实践和创新，能极大提升学习效果和学习满意度。教师应积极探索、实践这些新兴的教学模式，为学生提供优质、高效和个性化的学习体验。

（一）直播教学：在线讨论与互动

直播教学目前是比较普遍的网络化课堂教学。作为一种现代化的教学方式，直播教学提供了更多的互动机会和灵活性。

教师通过网络直播平台实时进行课堂教学，利用各种互动功能调动师生、生生间的互动和讨论，并能通过平台的大数据功能实时掌握学生的学习情况，及时调整教学内容和教学方式，以提高教学效果。学生之间也可以通过在线讨论区或群聊功能分享学习资源、交流想法、解决问题，促进彼此之间的合作和互助，并能提升课堂参与体验感。此外，直播教学具有较强的灵活性。学生可以根据学习需要和时间安排进行重播。

（二）翻转课堂：教学流程的革新

翻转课堂颠覆了传统教学顺序，倡导学生在课前通过观看预先录制的教学视频进行自主学习，初步掌握知识点并提出问题，随后在课堂上与教师和同学深入互动，共同探讨，由教师针对性解答疑惑，以此提升教学质量和效率。翻转课堂实现了由"先教后学"向"先学后教"的转变，有利于促进学生主动学习。翻转课堂的关键要素是教学视频。教师需要预先制作并上传至方便学生使用的相关平台，也可以推荐学生学习网上其他优质教学视频。教学视频还应与相关的技术整合以支持教学，这通常需要通过网络学习平台、教学资源库、移动学习应用等实现。

（三）游戏化学习：寓教于乐的实践

寓教于乐是游戏化学习的主旨。游戏化学习旨在将游戏转化为有效的学习工具和途径，强调通过具有现实意义的游戏设计，构建贴近真实的学习场景，在趣味性游戏活动中融入教育内容，激发学生的探索欲望和解决问题的能力。

家长和教师都不应谈游戏色变。教育要做的并不是禁止学生玩游戏，而是要引导学生有效地玩适合的游戏。例如，"世界没有石油"这一经典游戏，模拟石油枯竭后的生存挑战，让学生深刻理解石油资源的重要性；"Algodoo"物理实验模拟游戏，能让学生在轻松愉快的实验操作中完成指定任务，体验物理原理，游戏平台还支持全球玩家在线同步合作，并上传实验成果。[1]

（四）个性化混合学习：灵活学习路径的探索

混合式学习结合了线上学习与线下学习的优势。学生不仅能在课堂上接受面对面教学，也能在任意允许的地点和时间通过电脑或移动设备灵活学习。这种模式不仅保留了传统教学的互动性和现场感，还利用新技术优化

---

[1] 张治.走进学校3.0时代［M］.上海：上海教育出版社，2018：100.

学习流程，实现个性化学习。学生可根据自身需求选择课程和进度，而教师的评价反馈也会更具体化、个性化。这样，学习不再局限于特定时间和空间，而是成为一种能持续终身的探索过程，充分体现了教育的灵活性与个性化。

二　网络化课堂教学的一般流程

网络化课堂教学作为一种新兴的教学模式，为教与学的融合提供了有利的条件，为师生互动和协作交流提供了灵活便捷的环境。因而，网络化课堂教学流程要把教与学视为一个统一的整体，进行一体化设计。

（一）课程准备

教师需要根据教学目标和学生特点，精心设计教学内容。这包括选择或制作多媒体教学材料，如 PPT、视频教程、在线阅读资料等，并利用网络教学平台（如 Moodle、Blackboard 或雨课堂等）搭建课程框架，上传资料，设置课程结构和学习路径。

（二）课前预习

在正式上课前，学生访问网络教学平台，依托平台的资源和功能，观看预习视频、阅读电子教材、进行互动模拟实验、完成在线测试或参与讨论板的预习话题讨论等，完成教师布置的预习任务。

课前预习的关键是了解学情。教师借助平台强大的数据分析能力，可精准捕捉每名学生预习的轨迹与成效，从错题频率到观看视频的专注时长，一切数据尽在掌握。以此为依据，教师精准把握学生的学习需求、认知难点等学情。在此基础上预设本节课的教学目标，精心挑选或调整教学内容，创新教学方法，真正实现"以学定教"。进而有的放矢地推送个性化学习资料，设计有针对性的习题与挑战任务，抛出讨论话题或驱动性问题，引导学生深化理解，提出疑问或见解，激励学生主动求知。

特别提醒 ———————————————————————

> 网络化课堂教学无论是采用翻转课堂、项目式学习还是其他先进教学模式，在课前阶段都要以学情分析为核心，以确保教学方案紧贴学生实际，为即将到来的正式课堂教学活动的有效开展做好准备。

（三）实时授课／直播教学

网络化课堂教学的实时授课一般通过视频会议软件（如 Zoom、腾讯会议等）进行直播授课，实现远程面对面教学。这一环节超越了物理空间的界限，构建起一个充满活力与互动的学习场域。教师基于课前学情分析，讲解重点难点，演示实验，同时利用屏幕共享、白板功能等让学生参与互动。学生可以通过聊天框提问，参与实时投票或小测验，增强课堂参与感和互动性。

相对传统课堂，网络化课堂为教师创设情境、导入课题创造了便利条件。教师可运用高清视频、计算机模拟仿真技术等，创设完整、真实、形象的直观情境或问题情境，将抽象概念具象化，使学生仿佛置身其中，激发他们的学习兴趣与探究欲望。例如，在历史课堂上，通过 VR 技术重现古代战场，学生能够在"亲历"中感受历史的脉动。

相对传统课堂，网络化课堂拓展了学生开展探究性学习的空间。对于一些开放性较大的问题，教师可鼓励学生利用内容丰富、信息量大、交互功能强的网络学习资源和必要的实物、学具进行小组合作研究，通过屏幕共享，展示研究成果，开展即时讨论。平台的分组讨论室和协作工具成为学生主动建构知识、发展批判性思维的舞台。教师作为引导者和辅助者，可适时介入，提供指导和资源支持，促进深层次学习的发生。

相对传统课堂，网络化课堂使实时监测成为可能。教师借助教学平台的后台数据，能实时观察学生的学习行为，如学习参与度、完成任务的速度与正确率，从而迅速识别学习难点与个体差异；利用在线问答、投票和即时反馈系统，能及时调整教学节奏与难度，确保绝大多数学生都能跟上进度；对学生多样化的猜想和探究途径给与有针对性的评价，引发学生的深层思维活动，培养学生思维的独立性和创造性。

相对传统课堂，网络化课堂使总结提升更直观、高效。教师可运用图表、思维导图等形式，归纳课堂要点，强化学生的理解和记忆；可通过在线测试或小结作业，即时评估学习效果，为后续教学提供反馈依据；可引导学生分享学习收获与反思，利用平台的社区功能，建立学习日志，促进元认知能力的发展。这样的总结反思活动，不仅能增强网络化课堂教学的实效性与吸引力，更有助于学生终身学习能力的培养。

（四）在线互动与合作

网络化课堂教学的在线互动功能，为学生搭建了一个不受时空约束的合作学习环境。在课上，教师可以利用网络平台的小组讨论区，巧妙穿插小组讨论环节，同时利用后台记录学生对课程内容的深入探讨和创意解读。在这个虚拟却高效的交流空间中，学生不局限于单向吸收知识，更可通过平台内置的讨论板块发起思考、提出疑惑，与同伴思想碰撞，与教师深度互动。这种即时的反馈循环，让学习过程充满了活力与张力，也为教师调整教学策略提供了宝贵的实时信息。

课后，合作与探究并未止步。利用先进的项目协作工具，如石墨文档等，学生能够实时协同编辑文档、制作报告或设计项目方案。在共同编辑的过程中，每一次文字的增删、每一处观点的交锋，都是批判性思维与团队协作精神的生动实践。这些云端平台保留了所有修改痕迹，便于教师追踪，同时也为学生自我反思提供了直观的依据。

通过这样的在线互动与合作，学生不仅能学习如何在数字化时代高效沟通与协调，还能在实践中不断提升解决复杂问题的能力，学会倾听他人意见，勇于表达自我见解。这样的学习体验，远远超越了单纯的知识建构。学生在互动中共鸣、在合作中成长，培养未来社会所需要的团队合作能力和高阶思维能力。

（五）作业与反馈

网络化课堂的作业与反馈具有高效且针对性强的特点，有助于优化学习成效，促进深度理解。

教师根据学生课堂学习的大数据记录，发布集体作业和个性化作业；学生完成作业后及时通过网络平台上交。这一过程不仅有利于实现作业分层，提高作业的针对性，而且简化了传统的提交方式，实现了作业管理的无纸化与即时性。同时，平台集成的自动评分系统，对客观题可及时反馈，对主观题可进行数据分析，如标记疑难点、统计每题得分率。这能直观呈现出学生的失分点、疑难点，让教师有更多精力专注于提供富有针对性的手动反馈，关注学生的思维过程与创造性解答。

针对学生在课堂学习和作业反馈中展现出的不同需求与集中问题，教师还可录制微课视频，直指学生个体或集体的学习痛点，作为补充资料，通过平台精准推送。这些微课就如同私人定制的辅导课，帮助学生在课后自主时间里，按照自己的节奏查漏补缺，深化理解。

此外，为了持续优化教学体验，教师还可定期在平台上发布在线问卷，广泛收集学生的学习反馈。问卷应覆盖学习资源的适用性、教学活动的参与度、学习难度的适宜性等多个维度，确保每名学生的声音都被听见。基于学生真实、具体的反馈，教师再调整教学计划、改进教学方法，甚至重新设计教学内容，确保教学活动始终贴合学生的学习需求与进度，从而在动态调整中不断提升教学质量和学生满意度。

（六）复习与总结

网络化课堂可以通过多样化的手段帮助学生巩固所学，确保学习成果的持久性。一节课、一个单元、一个主题、一个项目结束后，教师可精心整理课堂视频实录、详细讲义以及提炼出的关键知识点概要等，上传至教学平台，为学生构建一个丰富的复习资源库，使他们可以根据个人学习进度与需求，随时随地回顾课程重点，加深记忆和理解。

教师还可以定期组织在线复习课程或设立专门的答疑解惑（Q&A）时

段。在复习课上，系统梳理章节内容，突出重难点，引导学生进行结构化的知识回顾；通过思维导图、总结表格等形式，帮助学生构建清晰的知识框架。Q&A 环节则是一个开放的互动时段，鼓励学生针对概念理解的偏差或应用实践中的难题等积极提出疑问与困惑，然后由教师或其他学生解答，辅以实例解析，确保每名学生都能释疑解惑，消除学习盲区。

通过这种线上线下相结合的复习总结策略，网络化课堂不仅能提升学习的灵活性与便捷性，也能极大地增强学生自主复习的积极性与有效性，有利于所学的巩固深化与灵活运用。

"教学有法、教无定法。"网络化课堂教学的流程并不是固定不变的。信息技术在其中的运用及其能够发挥的作用，也是依据实际教学情况而定的。教学作为一门"通过人的生命、面向人的生命、为了人的生命质量的提高"的艺术，不但具有与一般艺术相似的功能及形象性、情感性、创造性等特征，而且是一门复杂、高超、具有特殊性的艺术。因此，教师必须根据教学目标和教学内容、学生的认知水平及自身的优势，考虑有效地利用教育经验，灵活机动地选择、运用和评价信息技术，使之更加契合学生的需要，从而实现外部教育目的和学生个性发展的双重目标。

下面以江苏省宜兴市第二实验小学教师吴文娟的四年级数学"解决问题的策略"一课为例，具体说明如何将信息技术有机地整合于学科教学中，以促进学生学习方式的转变。

1. 设计思想

本节课使用的设备是 OKAY 智慧平板，操作平台为 OKAY 智慧课堂信息化平台，设计主线是将信息技术合理地融入各个教学环节，从而打造高效、互动的数学课堂。课堂教学过程以学生自主探究、教师引导总结为主，合理利用智慧课堂中的动态呈现、模拟操作及精准数据支撑，提高课堂效率，促进探究进程，增强学生的学习体验。同时，在自主探究、小组展示等活动中，培养学生的逻辑思维能力、推理分析能力及合作交流与表达能力。

2. 教学目标

维度	目标
知识与技能	（1）了解并掌握整理条件的不同方法 （2）能根据整理的信息，灵活运用"从条件想起"和"从问题想起"的策略分析数量关系 （3）能正确解决简单的三步计算实际问题，感受并归纳解决问题的步骤，并根据实际问题检验结果
过程与方法	（1）经历解决问题的过程，进一步体验、认识解决实际问题的步骤 （2）进一步掌握分析数量关系的基本方法，发展分析、推理等初步的逻辑思维能力 （3）体会归纳的思想和方法，积累分析和解决实际问题的经验
情感态度与价值观	（1）体会到学习的乐趣，激发学习数学的兴趣 （2）在探究、交流、分享的学习活动中，进一步体验数学方法的价值，产生学习数学的积极情感 （3）在自主探究、合作学习的过程中，养成独立思考、相互交流、回顾反思的学习习惯和严谨踏实、刻苦钻研的科学精神

3. 学情分析

学生在三年级学习了"从条件想起"和"从问题想起"的解决问题的一般策略，已具备一定的解决问题的能力。通过三年级数学学习的积累，学生知道了解决问题的四个步骤——理解题意、分析数量关系、列式解答、检验，知道可以通过摘录条件、画线段图等方法来理解题意，同时也具备一定的发现问题、自主探索、合作交流等能力。但由于学生年龄还偏小，对学习意义的认识更多还停留在感性层面，对知识的理解也更偏向于直观体验。所以，教师应创设合适、真实的情境，制造认知冲突，以激发学生学习的兴趣，引发学生整理条件的需求和意愿。

4. 教学内容和任务分析

本节课需要学生灵活运用三年级学过的策略来解决问题。用列表法整理条件既是一种理解题意的方法，也是一种分析数量关系的方法，这种方法将直接影响学生后续解决问题的学习。

5. 教学策略分析

根据以往教学经验及学情分析，教学的重点和难点是"如何想到列表整理及怎样整理"。为了让学生对列表整理产生自然的需求，可改编教材情境，将原来的文字表述改编成接近学生现实生活的真实情境对话。

由于条件繁多且凌乱，如果完全放手让学生整理，多数学生可能只是将条件进行摘抄。这不仅费时，还缺少思维含量。可以借助智慧课堂的操作功能将条件设计成可以自由拖动的选项，这样有助于学生快速对条件进行整理。学生动动手指，既在活动中体会到整理的必要性，又在整理中感悟到归类的必要性。

在练习教学上，教师可以基于平台的数据统计功能及时了解学生的练习情况，有针对性地对学生进行指导和纠错。根据学生的错误设计分层练习，让学生基于自己的学习情况选择完成。提交练习后系统智能批改，出示解题分析，使学生养成自我反思、自我纠错的习惯。

6. 信息资源与环境设计

教师可以借助 OKAY 智慧课堂信息化平台建构本课的教学资源，同时结合多媒体教学课件辅助教学。具体包括：课前，学生预习课本并学习微课，玩分类整理的小游戏；课中，教师结合多媒体课件辅助教学，利用平台多种互动功能、作业批改反馈功能生成学生学习数据；课后，根据课堂学习情况自动生成错题本，教师布置有针对性的日常任务及课后作业。

7. 教学活动过程设计

教学活动	教师活动	学生活动	信息技术支持
创设情境	（1）播放预先录制好的情境导入微课：同学们在小芳家的果园参观，七嘴八舌地说着看到的信息 （2）提出问题：小芳家果园里的桃树和梨树一共有多少棵？	（1）学生观看微课 （2）产生疑问：解决问题时应怎样整理条件呢？	学生平板播放微课

教学活动	教师活动	学生活动	信息技术支持
自主探索	引导学生将微课中提到的条件进行整理	（1）在平板上拖动条件，进行归类整理 （2）将归类整理结果上传至大屏展示	平台的相应操作功能
交流互动	（1）引导学生对几种不同的整理方法进行比较和点评 （2）明确：两种方法都是按果树的种类进行分类的，一种是从条件想起的，另一种是从问题想起的 （3）通过多媒体课件优化整理结果，加上表格线	（1）对上传共享平台的归类作业进行分类和点评 （2）全班交流最有代表性的两种分类方法	平台的投票和分类功能
独立解决	引导学生列式解答并检验	在平板上书写，完成后提交至平台，自动批改	平台的作业手写、同步上传以及即时批改功能
总结归纳	（1）结合学生的分享，带领学生一起归纳解决问题的一般步骤 （2）明确：可以用列表整理来理解题意，这样能使题意更清楚，便于分析数量关系	结合全班的总结，在平板上利用思维导图功能制作本课课堂笔记	平台的思维导图功能和展示功能
分层练习变式拓展	结合本节课的重难点知识，发布基础题、变式题、拓展题，让学生作答、提交，之后讲解方法	在学生端进行作答并迅速提交，得到平台及时反馈，正确的直接进入下一题继续挑战，有错的观看教师之前录好的微课视频，并进行自我纠错	平台的答题、提交、批改、反馈功能。错题能自动加入错题本
评价反思	（1）引导学生根据本节课的学习情况进行回顾和反思 （2）根据全班学习情况对本节课的学习进行点评	查看自己的学习情况报告，在组内交流学习体会，在平台互动区提出问题	平台的学习报告自动生成功能、学习问题反馈功能

在这节课中，学生情绪饱满、思维活跃，互动积极、乐于分享，让学习变成了一件充满乐趣的事。这节课有以下三个方面的特点。

一是创设真实情境激活学习需求。建构主义强调情境、协作、会话和意义建构。新课程理念也强调要让学生在真实的情境中学习。相对于传统课堂，网络化课堂环境可以创设仿真情境，带给学生身临其境的体验感，有利于激活经验和引发思考。教师利用提前录制的视频创设情境，引出问题，学生为了解决问题，迫切需要列表整理分散的信息。不同于传统课堂中的摘录，利用智慧课堂便利的平板操作功能，可以实现对条件的操作整理，方便学生快捷地对条件进行分类。

二是立足学生主体开展互动教学。智慧课堂的互动教学是把教学过程看作一个动态发展着的、教与学统一的、交互影响和交互活动的过程。[①]这里的交互既有人机交互，也有师生交互、生生交互。网络化课堂可以使更多的学生参与交流互动，课堂讨论不再是个别学生的特权。教学过程中，全体学生动手操作，将归类整理结果上传至显示大屏；教师可以看到每名学生的分类情况，学生之间也可以对发布的作品进行点评；回顾反思时，每名学生都在组内交流互动，把自己的问题发布到提问区或讨论区；学生在完成作业后可以立刻提交，由平台及时进行批改和反馈。这样全方位的频繁互动，将每名学生卷入课堂，也使他们的学习能不断地得到反馈和回应。

三是基于信息平台开展个别化辅导。智慧课堂测评信息系统可以对学生完成的作业自动给出评判。对于做错的题目，系统不仅可以指出哪里出错了，还可以推送相关微课视频和阅读材料。通过多轮有针对性的练习，学生对某一知识点的掌握就会越来越好。系统还会根据学生的解答情况推送更高难度或更适合该生的作业。教师也可以根据学生完成作业的情况采取适当的方法进行个别化辅导，如文字、语音、视频交流或微课辅导。在这节课中，整个练习环节就采用学生自主完成、平台自动批改讲评的方式。教师还可以对在后台看到的学生解题中的共性问题，进行全班交流和反馈。这样的练习和辅导，更有针对性，也更高效。

---

① 孙曙辉，刘邦奇.智慧课堂［M］.北京：北京师范大学出版社，2016：95.

三　学科课堂教学与网络技术的整合策略

（一）多感官参与策略

数字化资源具有集声音、文本、图形、图像、动画于一体的特点。网络化课堂教学应尽可能利用这一优势，以图文并茂、动静结合、可触可感的方式将教学内容立体、多维、形象地呈现在学生面前，让学生充分动眼、动耳、动脑、动手、动口，并通过动手实验、学具操作，调动视觉、听觉乃至触觉、嗅觉等多种感官快速参与学习全过程，提高学生的感知效果，全方位、多角度地获取信息，促进新旧知识的同化和顺应。

例如，上《中国美食》课时，有的学生对各种菜名不熟悉，无法把课文中的菜名和生活中的美食联系起来，也无法仅从菜名去感受美食的"美"。教师可以通过网络收集这些美食的菜谱和食材，先让学生将美食与生活中常见的食物联系起来，再让学生观察美食的色和形，观看人们享受美食的情景，想象美食的"美"。课后，学生通过网络平台上传与家人一起品尝美食的照片或视频，交流品尝感悟，进一步体会美食之"美"。这样，学生通过眼的观察、耳的倾听、鼻的嗅味、嘴的品尝、脑的想象和思考，全方位参与学习过程，充分感受中国美食，加深对文本的体验和理解。

（二）情境驱动策略

现代信息技术使情境教学更便利、直观、生动。情境可以是直观性的，也可以是问题性的。情境驱动策略就是教师从教学的需要出发，依据教学目标创设生动形象、富有感情色彩的具体场景或氛围，激发、吸引学生主动学习的一种策略。

1. 情境的具体应用

（1）利用 VR/AR 或三维立体等技术使教学内容更具体、形象、直观，创建真实或接近真实的学习环境，帮助学生感知、理解所学内容。

（2）模拟各种场面，如世界各国的风土人情、历史面貌、重大事件等，使学生在教室中就能体验到与实际情况类似的情境。

例如，上《威尼斯商人》课时，教师可以直接从网上调出有关威尼斯的网页，或播放威尼斯的视频，或运用 VR/AR 技术进行虚拟模拟，使未曾去过威尼斯的学生亲身领略水城优美独特的景致，达到身临其境的效果，这将促进学生对课文内容的理解。

（3）虚拟实验操作。有些学科的实践内容不可能让学生亲自动手操作，如天体运动、植物的生长过程以及一些不利于学生健康的实验等。教师可以通过 VR/AR 技术、模拟仿真技术、混合现实（Mixed Reality，MR）技术，让学生在虚拟环境下进行实验操作，使学生尽快把握实践要领和具体操作方法，理解所学知识。

（4）抽象内容形象化。立体几何中的多面体截面、物理中的磁力线、化学中的共价键等，都是常态下看不见的。教师可通过智能云台，将相关的三维动态图发送到智慧课堂移动终端。学生可以在平板上随意转动三维动态图，观察各个方向的状态，让这些不可见的面、线、键显示出来，这有助于理解抽象的内容。

（5）通过生动真实的情境，引发学生原有认知结构和外界新刺激之间的认知冲突，激发学生的学习兴趣，驱动学生自主学习。

（6）通过对情境的自由探索，培养学生的问题意识和能力。高年级学生认知水平较高，教师可以通过丰富的情境创设，给学生提供自主探索、自己发现问题的机会，以培养学生发现问题、解决问题的意识和能力。

2. 情境创设的原则

（1）真实性原则。情境必须真实，贴近学生的生活，才更富有感染力，才能调动学生学习的积极性。因此，教师利用多媒体技术与仿真技术创设生动的社会文化与自然情境，可以有天马行空的想象，但不能失去逻辑的真实、情感的真实、生活的真实。同时，情境要符合学生真实的认知结构水平，要注重对教学内容的把握和对学生学习特征的分析。

（2）多样性原则。多样性是选择性的基础。每个人的经验存在差异，因而对客观世界的解释也是多样的。网络化课堂教学应围绕学习主题，力图从不同角度、不同方面提供多样化的情境，由学生按照自己的方式选择相应情境去完成意义的建构。这就要求教师应为学生设置多种学习的起点和多条学习的路径，能让学生随机进入，灵活跳转，以满足学生个性化学习的需要。

（3）吸引力原则。情境创设要有创新、有变化，要有新的信息、新的问题，以引起学生的兴趣，激发解决问题的欲望。

（三）寓教于乐策略

游戏是学生喜闻乐见的活动形式，也是一种很好的学习方式。在游戏中学习，学生能极大激发积极性、主动性和创造性，增强对知识的认知、掌握及应用，在寓学于乐的同时锻炼分析信息、制订决策和对各种资源做出统筹安排的能力。目前，网络教学平台上已有大量国内外优质的教育游戏，融科学性、趣味性、教育性于一体。平台也能支持教师自己制作用于学生学习或教师教学的小游戏。

挑选教育游戏应遵循以下原则。[1]

一是应目标明确。游戏要能够有助于教学目标的实现，切不可哗众取宠，只图趣味和热闹。

二是应具有针对性。课前用于学生预习的游戏要能激发学生的好奇心，课中要选择可以互动的游戏，课后要推送用于复习巩固或深入研究的游戏。

三是应具有挑战性。游戏难度既要符合学生的年龄特征及其接受能力，也要有一定挑战性，这样才会使学生在能力上有所提升。

（四）提供展示平台策略

乐于展示、推销自我是绝大多数人的天性。学生展示学习成果，得到别人的认可和尊重，能激发学习的动力。网络教学迅捷、多彩、四通八达的特点，为学生的自我展示搭建了广阔的舞台。教师可以利用信息技术媒体工具，开展制作比赛、学生作品展示等活动，为学生充分发挥想象力、创造性

---

[1] 孙曙辉，刘邦奇.智慧课堂［M］.北京：北京师范大学出版社，2016：114.

提供平台。

　　例如，组织学生秋游"百鸟乐园"后，教师可以结合信息技术辅导学生制作多媒体作品，用动画、照片、文字、音乐等形式表达秋游"百鸟乐园"的见闻、感受和想象。在音乐和动画的感染下，学生能自然而然地涌现出许多新的感受。之后，再组织多媒体作品的展示活动，或在网络平台分享交流，或组织精彩演讲。这样的活动效果，是传统的写一篇游记那样的作业无法比拟的。

（五）多种活动方式并用策略

　　教师要全面论证信息技术在支持知识与技能、过程与方法、情感态度与价值观等多层次教学目标中的作用，不能有所偏废；应将信息技术的应用与学生的独立思考、主动建构、理解探究，尤其是实验、制作、调查、访谈等多种活动方式结合起来，设计综合化、多层次的教学。

特别提醒

　　在具体教学实践中，教师应综合选用教学方式和教学工具，灵活地为学生创设学习机会，避免将信息技术应用与其他活动方式对立。例如，用富媒体演示实验或模拟实验代替学生所有的动手实验和操作、用上网查询代替学生的社会调查和实地考察等，这些都是不可取的。

第三节
网络化课堂教学与师生主体行为变化

《国家中长期教育改革和发展规划纲要（2010—2020年）》提出要"提高教师应用信息技术水平，更新教学观念，改进教学方法，提高教学效果。鼓励学生利用信息手段主动学习、自主学习，增强运用信息技术分析解决问题能力"。

真正推进网络化课堂教学变革的核心是师生主体行为的转变与重塑。

一 教师角色行为的重塑

（一）教师角色观念的转变

在信息时代，教师不再是唯一的信息源，需要改变以往信息传播者和良好知识结构呈现者的形象。网络化课堂教学要求教师发挥新课程所提倡的学生学习的合作者、引导者、促进者等角色作用，还要求教师成为信息技术的熟练驾驭者和学生学习过程的导学者。

1. 教师是信息技术的选用者、设计者和组织管理者

教师应努力熟悉教学支持服务体系的功能，掌握多媒体教学资源的使用方法，在教学设计阶段和具体教学过程中根据实际需要评价、选用、组合或设计合适的信息技术工具。

特别提醒

　　教师应始终把握应用信息技术的目的，适度控制和管理教学过程，充分发挥信息技术的优势；同时，要避免信息技术潜在的消极影响，警惕对信息技术的迷信和过分依赖，警惕"用技术取代教师"或"用技术控制教学"的观念和做法。

2. 教师是学生学习过程的导学者

　　所谓导学，是指教师在教学过程中引导、指导、辅导学生完成学业。网络条件下学生的学习通常以自主学习为主，而这种自学又是在教师的帮助下完成的，所以导学就成为网络化课堂环境下教师的重要工作。导学主要有下表所列几种形式。

导学的形式

形式	说明
引导	帮助学生根据自己的实际情况确定合适的学习目标，并找到实现目标的最佳途径
指导	既要帮助学生形成良好的学习习惯，掌握有效的学习方法和认知策略，又要指导学生通过各种渠道获取信息，并且学会识别信息良莠，抵制不良信息的影响
诱导	创设丰富的教学情境，激发学生的学习动机，充分调动学生学习的积极性
辅导	解决学生在学习中的困难，给学生解惑，包括单元的总结，重点、难点的讲解，组织学生讨论，达到相互启发、教学相长的目的
教导	做学生的朋友和榜样，教导学生养成高尚的品德、完善的人格和健康的心理

（二）教师角色智能的提升

　　信息化时代的教育转型，要求教师不仅要转变角色观念，还要辅以角色智能，同步实现知识结构和能力水平的全面提升，从而真正实现教师主体行为的转变。实施网络化课堂教学，教师不仅要有扎实、广博、深厚的专业知识底蕴、教育学理论基础及其他一般能力与素质，还必须具备较高水平的信息素养，形成包括信息技术教育价值观、基础信息能力、教学设计能力、教学实践和研究能力等要素构成的结构化的综合素养（见下页表）。

实施网络化课堂教学须具备的综合素养

素养	要求
信息技术教育价值观	具备对信息技术的理性判断，理解其在教育中的价值，能结合学科特性与教学实践合理评估信息技术的特点及潜在的优势和不足，评估其在教学中能发挥的作用
基础信息能力	熟练操作各类信息技术工具，为信息时代教育奠基
教学设计能力	围绕学科特性与学生需求，甄选合适的信息技术工具，精心设计教学策略与学习活动，让技术融入课堂，辅助教学
教学实践和研究能力	在教学设计的基础上，结合本校现状和特色，制订促进教与学一体发展的教学方案和评价方案，能有效地开展教学实验和教学研究，并能通过反思不断提高教学质量

要提升综合信息素养水平，首先，应通过多种渠道积极学习、自觉应用信息技术，并利用已有知识经验主动适应信息技术的发展和迭代，在实际使用的过程中消除对信息技术的畏惧感，树立"学习—应用—适应"信息技术的信心，形成终身学习信息技术的意识和能力。其次，在系统、科学的教学设计基础上，开展有针对性、有特色的校本实践，形成信息技术整合于教学的常规和习惯。校本实践模式（见下图）是培养教师信息技术整合能力的有效途径。

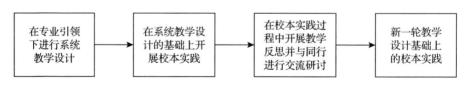

培养教师信息技术整合能力的校本实践模式

特别提醒

发展信息素养应立足于对学科教学的研究及教学设计，追求教学、学习和学生发展的整合目标，切忌将主要精力和大量时间投入开发一次性的、低水平重复的课件上，或是脱离教学和学科本身的技术学习上。

二　学生角色行为的要求

学生主体的信息素养是信息技术与学科课堂教学得以有效整合的重要基础。网络化课堂教学对学生的观念和行为提出了以下要求。

（一）转变学习观念

长期以来，学生在学习过程中大多处于被动接受的地位。这导致他们认为学习的过程就是"你讲我听"的单向接受过程。网络化课堂教学要求学生必须具备更强的自我驱动意识和自主学习能力，这不仅是对主动获取知识的要求，更是对学习方法和策略的自主掌握。

教师要引导学生转变观念和态度，帮助他们认识到在新的学习模式下自己不是知识的被动接受者，更应是主动探索者和创造者，认识到自己的角色定位已从被动听众转变为学习主角，应主动适应并积极参与到角色转变中，从而带动学习方式的根本变化。

这要求学生不仅在思想上体现出学习主体意识的觉醒，更要在行动上体现出学习的主动性。一是要进行自主发现的学习，学会在网络化学习环境中利用丰富的资源和平台，主动搜索、发现、筛选、整合信息；二是要进行协商交流的学习，利用信息技术工具进行有效的沟通与协商，不再局限于面对面，而是跨越时间和空间的限制，通过网络与老师、同学、社会进行互动交流，提升合作学习的深度与广度；三是要进行实践创造的学习，利用信息加工工具和创作平台进行实践创造，将知识应用到实际问题解决中。

（二）提升综合信息素养

信息技术与学科教学的深度融合，是以学生具备一定水平的信息素养为前提和基础的（见下页表）。

基础教育阶段学生应具备的综合信息素养

素养	要求
常用信息技术工具的操作技能	熟悉信息技术的基本概念，能熟练操作常用的信息技术工具，如计算机、平板电脑、智能手机、网络浏览器等
信息处理能力	能利用信息技术工具获取、筛选、评估、管理和应用信息，能批判性地分析信息的可靠性和相关性，有效整合信息并将其应用于问题解决中，具备评价信息活动过程和活动结果的能力
信息交流与表达	能利用信息技术通过文字、音频、视频、图像等进行有效交流，能在小组、班级等多层级界面上分享观点，促进合作学习，能利用电子邮件、社交媒体、在线论坛等工具促进信息交流，提高沟通效率
信息价值观与责任感	建立正确的信息伦理观，理解信息使用界限，尊重版权，具备网络安全意识，培养对信息社会影响的反思能力，形成良好的信息使用习惯

学生应具备一定水平的信息素养。这既是开展网络化课堂教学的必要条件，也是教师在网络化教学过程中应关注的目标。教师可从以下几方面入手，提升学生的信息素养。

（1）培养信息获取能力。鼓励学生根据学习需求，主动、有目的地搜索信息，利用多种渠道如搜索引擎、视听媒体等，或者通过实地考察、参观访问等途径获取信息，提升学习的主动性与目的性。

（2）提升信息处理能力。教会学生筛选、评估信息的可靠性，进行信息的分类与整合，结合个人已有知识经验，将信息重组、内化于原有的认知结构中；通过归纳、综合、抽象、联想等思维活动，提炼信息，找出其中相关性、规律性的线索，或者从繁杂的信息表象中抽象出规律性、本质性的内容，形成新见解，发展创新思维。

（3）强化信息交流与应用能力。促进学生认识团队协作的重要性，学习运用在线会议、协作平台等网络工具进行有效沟通；学会有效利用信息解决学习、工作和生活中的实际问题，促进知识更新，创新解题方案，适应网络时代的新生活。

（三）养成使用网络的良好习惯

在网络化课堂教学模式下，学生被赋予了前所未有的自主权，能够选择学习内容、调节学习进度、选择学习路径。这就要求学生要具备高度的自觉性，即自我驱动与自我管理能力。然而，网络信息庞杂繁乱、良莠不齐，学生涉世不深，若无足够的辨别力，容易陷入信息迷宫，沉迷其中。这又要求学生具有一定的自我控制能力，以抵御诱惑，保持学习的专注与方向。

教师起着至关重要的引导作用，应引导学生认识到网络资源浩瀚如海，而个人时间却十分有限，要学会珍惜时光，能洞悉、会取舍，理解有效筛选与利用网络资源的重要性，从而避免在信息海洋中盲目游荡；教会学生在海量信息中甄别良莠、采取时间管理策略，以达到高效学习的目的；培养学生的批判性思维，对于网络信息不盲从，而能审慎思辨，形成独立判断，成为数字时代的自主学习者。

教师合作教学的
组织与实施

当前，对于教师之间的合作无论是在实践探索还是理论研究方面都不够，特别是对于如何系统性、实效性地推进教师合作教学，以及这种合作对学校管理、教师评价、课程实施、学生学习体验等方面产生哪些影响，都缺乏成熟的实践案例和深入研究。

本讲探讨教师合作教学对课程改革的意义，梳理教师合作教学的基本类型，详述教师合作教学的具体实施，并探讨由此引发的学校教学管理制度变革等问题，以期为教育实践提供理论指导与实践参考。

第一节
教师合作教学概述

在当前教育改革的背景下，合作教学主要强调教学过程中教师与学生、学生与学生之间的合作，并且主要着眼于课堂教学。事实上，课堂教学背后的各项工作，如教学计划的拟订、教材教法的研究、备课、作业及评价体系的共创等，也可以采取合作的形式。教学合作，不应仅限于课堂教学的师生、生生即时互动，而应拓展到教师与教师之间，应贯穿教育活动的全链条，包括从规划到执行、从评价到反馈、从教研到提升的每一个环节。

一　教师合作教学的意义

在新课程改革的背景下，教师合作教学不仅是一种理念的更新，更是实践的跃升，对课程改革将会产生深远的影响。

（一）教师资源的优化配置与专业成长

教师合作教学通过团队合作实现教师资源的优化配置。每位教师都有其擅长的领域与独到之处，通过合作，可以扬长避短，将专业优势最大化地应用于课程设计与教学实践之中。这种资源共享和优势互补，不仅有助于提升教学效果，也为教师提供了互相学习的平台，促进各自专业成长，以形成一个持续发展的良性生态。

（二）教学方式的创新与适应性提升

教师合作教学能促使教学方式的创新。新课程改革背景下，教师单打独斗难以应对多变的教学需求。合作教学则能汇集众人智慧，共同探索、设计出更多元化、个性化、情境化、探究性的教学方法，以适应学生多样化学习需求。这种创新，能让学生的学习体验更为丰富，学习动力增强。同时，教师也能在合作中探索与实践，提升创新能力，适应新课程的要求。

（三）学校管理体系与评价体系的变革

教师合作教学会推动学校管理体系与评价体系的变革。教师合作教学呼唤学校注重对团队协作的激励与支持，而非针对单一教师的评价，这促使管理向更加人性化的团队导向发展。评价体系也会随之调整，从个体成就转向团队贡献和合作成效，鼓励教师协作，形成积极的评价文化。这有利于形成教师之间正面竞争与合作的健康生态。

（四）一线教师职业体验的提升

教师之间的合作不仅体现在专业知识和教学技能上，更体现在情感和精神上的彼此支持。一线教师在实践中能深切体会到，合作教学为他们提供了职业支持。面对新课程的挑战，他们不再是孤军奋战，而是团队并肩作战，这有利于克服职业倦怠感，增强职业满足感和幸福感。通过定期的教研活动、集体备课、教学反思，教师之间共享成功经验，也从失败中共同吸取教训，形成快速迭代、持续进步的机制。

以下三个案例分别从不同层面和角度反映出教师在合作教学过程中的真实感受。

孙卫红在《感受芬兰教育的温度》一文中记录了前往芬兰进行为期三周的教育考察的感受，特别介绍了芬兰的教师合作教学所成就的高效课堂。①

芬兰学校的合作教学是显而易见的。每到一所学校，透过玻璃窗朝教室里观察，我们能看到在十几到二十几个学生的班级里，一定会有两三位老师。据介绍，芬兰合作教学的形式分为：互补教学，即一位教师

---

① 孙卫红，感受芬兰教育的温度［J］.上海教育，2020（29）：70-72.（引用时有删改）

主导课堂，另一位教师支持；平行教学，即在相同（或分开）的教室里，学生分成不同的小组；团队教学，即几位教师一起计划，对授课内容达成共识，在课堂中灵活转变角色。

在平行教学中，如果是两个同质小组，每位教师向自己负责的学生小组提供相同的材料，这种模式增加了学生与教师互动的机会。如果是两个异质小组，则根据学生在某一学科领域的表现，进行重新教学，或进行扩展活动。如果平行教学是依据站点进行的，则由教师之间分工落实一节课的内容，每位教师领导一个工作站，学生在工作站之间轮换。平行教学中还有多选教学，由一位教师指导整个班级，支持教师与可能需要重新教学的一部分困难学生另组一个小组，可留在教室内或离开教室到较安静的地方。平行教学中还有灵活组合，学生和教师灵活分组，小组会不时重组。

合作教学的优势是：教师从彼此身上学习，这将为教师个体带来专业上的成长；当教师互相帮助克服困难时，能提升工作幸福感；教师利用彼此的优势展开合作，能实现更好的、令人兴奋的课堂；教师合作可以为学生提供更多资源，对学生的分层教学能够做得更加充分。

韩佳莉对某小学语文教研组进行了有关教师合作情况的调研，通过同该校语文教师的访谈交流及活动观察，发现教师普遍认为互相之间需要合作，认为教师之间的合作对自身的专业发展及学校和学生的发展都具有重要的意义。[①]

一位老师这样说道："站在巨人的肩膀上更好摘苹果。很多老教师很有经验。我原来是教高中的，对小学阶段教学理念把握不准，就跟着有经验的老师听课、跟课。我刚开始不知道怎么去把握，与其他老师合作很有必要，合作了才知道自己的不足和优势。只有打开自己，走近别

① 韩佳莉.基于教研组的教师合作个案研究：以 X 小学语文教研组为例［D］.杭州：浙江师范大学，2018.（引用时有删改）

人，才能有好的收获。"另一位老师认为："我觉得教师之间强调'合作'这两个字很有必要。现在大家都可以互相传授一些好的经验。大家有商有量，做事情会比较有头绪，都以学校和学生的发展为重，为学生创造一个更好的环境。"

在江苏省扬州市东关小学某课题组结题论证会上，课题主持人代表课题组全体成员报告研究成果，有这样一段给与会者留下了深刻印象的话。[①]

> 通过课题实验，老师们重视了备课过程的学习、借鉴、创新、合作，取得了明显的成效。备课已不再是单兵作战，而是共研共享。教师进行合作教学，以备课过程中的"具体问题"为主要研究对象，以课堂教学为"主现场"，共同参与研究、实践。在此背景下，不同形式的教研会、不同层次的研究课自然产生。大家集思广益、大胆实践、勤于探索，初步形成了"集体备课、资源共享、个人加减、课后反思"的机制，营造出合作研究、民主和谐的氛围，提高了教研能力，促进了专业发展，催生了校本教研机制的形成。

二 教师合作教学的新课程背景

（一）新课程背景下教育生态的内在需求

新课程的内容已经超越了传统学校教育的框架，不局限于校园、教室、课堂、课本的范围，教育实践也不是仅发生在三尺讲台上。新课程聚焦于学生核心素养的发展，着眼于学生创新思维与实践技能的培养，强调学生终身学习和终身发展能力的获得。这背后，离不开教师间的紧密合作——通过互相学习、集体研讨，共同探索最有效的教育教学路径。全体教师应集体塑造

[①] 本案例节取自江苏省扬州市东关小学课题组结题报告《改进备课策略，推进课程改革："资源化＋个性化"备课策略的研究与实践》。

一个以学生为中心、鼓励创新与实践的新课程教育生态。

自 2022 年版义务教育课程方案和课程标准颁布以来，随着新课程的启动和推进，一线教师心中催生出很多学科课程与教学的问题。

- 教材设计如何摆脱"新瓶装旧酒"的困境？
- 应该如何看待课堂教学的"主体"角色？
- 怎样发挥教学的"主导"作用？
- 如何教会学生"自我建构知识"？
- 既然教学是基于教育技术的一种课程统整，那么教育技术在教学中是否起绝对性作用？
- 应该使"学科性"成为本学科发展的旗帜，还是应该强调搭建与其他学科知识进行综合的"平台"，并逐步将"学科课程"转型为"领域课程"？

上述问题，靠单个教师闭门思考基本无法解答。教师需要合作进行理性的探讨和交流，从学科实际出发寻找能够解决问题的、适合的课程措施与教学策略。此外，新课程鼓励教师展现个性化的教学风格。实质上，教师的专业成长过程，是伴随着个人教学反思、团队经验共享、系统性理论学习的过程。

（二）以学生为中心、满足学生学习需求的需要

新课程强调，学生是学习的主体，教学要以学生为中心。那些学生感兴趣、对学生发展有意义而又超越教材的学习内容，要不要给学生讲？讲多少？讲到什么程度？这些问题都是过去较少遇到的，没有现成的答案，需要教师在实践中摸索，通过交流与合作寻找解决方案。

第一，在传统的教学中，教师考虑较多的是如何"教"，更多关注知识传递的量，而相对忽视学生实际吸收与理解的程度。要把教师"教"的过程变成学生"学"的过程，在教学设计之初，教师就应更多地思考学生如何"学"，围绕学生的需求选择教学策略。同时，教师应转变自身的角色定位，

明确自己是学生学习的引导者、参与者、合作者，进而将教学过程视为师生间动态交流与共同进步的互动过程。

第二，学生的兴趣和需求成为教学设计的出发点。这要求多学科教师协同合作，长时间了解，近距离观察，共同把握学生的思想动态和学习状况。特别是在识别不同授课内容及教学风格对学生可能产生的多样化影响时，班主任和任课教师之间的协作和沟通显得尤为重要。

第三，针对学习困难的学生，全体教师应展现出极大的耐心与关爱，通过集体的关怀与个别化的指导，帮助他们在原有基础上取得进步。

第四，随着学生自主学习、个性化学习比重的增加，学生的自我成长空间增大，自主意识增强，提出的问题也会越来越多，问题的广度和深度也随之提升。面对这样的变化，教师之间的合作变得尤为重要。这种合作，不仅能促进学生开放心态的形成、个性的充分展示、创新能力的提升，也让教师在与同事、学生的密切互动中共享教学成果，实现专业上的共同成长。

（三）提升教学水平和教学效果的需要

教师合作教学有利于发挥教师的整体优势，使教学走出"高耗低效"的困境。教师群体作为一个合作性的交往团体，其教学成绩并不是教师个人成就的简单相加，而是教师整体智慧的凝结。新课程的实施，对教师提出了更广泛、更高层次的要求。但是，在较短时间内期望每一位教师都成为门门通、样样精的全能型教师，是不现实的。只有将现有教师资源进行优化组合、合理配置，使教师之间加强合作、教师个体扬长避短、小组群体集长弃短，最大限度地挖掘现有教师资源的潜力，才能提高教师整体的教学水平，适应培养学生核心素养的要求。这是教师专业发展的重要路径，也对减轻学生过重的学业负担、把教学引向良性发展的轨道，有着重要的现实意义。

第二节
教师合作教学的基本类型

教师合作教学是新课程背景下教学方式变革的重要路径，是新课程倡导的教学组织形式，是当前发展校本教研的关键。世界各国的教师合作教学虽然在具体形式和表述上有区别，但都有共通的教学组织理念，与传统的教学组织形式有根本的不同。传统教学组织形式往往忽视教学实践中教师之间交互作用所具有的教育功能，没有真正发挥教师集体教学的优势。可以说，教师合作教学是提升教学质量、促进教师专业发展的重要途径。

一　教师日常合作形式

教师合作教学是基于日常合作展开的。下表所列为教师之间在日常工作中开展合作的几种形式。

教师日常合作形式

合作形式	说明
协同教学设计与方法研发	共同参与教学计划的制订，包括确定教学目标、选择教学内容、设计教学活动和评价方法；共同探索新的教学方法，如项目式学习、翻转课堂等，以提高教学的有效性
资源开发与共享	分工合作，共同制作或收集教学课件、案例、视频等课程资源，或对教材进行二次开发。这样不仅可以节省时间，还能集思广益，提高资源的针对性和丰富性
教学问题研讨	定期组织会议或工作坊，讨论在教学中遇到的问题和挑战、产生的困惑和疑虑、取得的成功经验等。这种合作形式鼓励开放的对话，促进经验分享，帮助教师找到解决问题的策略

合作形式	说明
合作解决教学难题	针对特定的教学难点或学生的学习障碍，结成小组，共同研究对策，实施干预措施，并监测成效。这种合作形式有助于为学生提供更全面的支持
共同实施教育改革	在推进教育改革项目时，如实施新课程标准、融入新的教育理念和教学技术、推进新的教学组织形式等，可以以项目组的形式来规划、执行、评估，确保改革措施得到有效落实
日常教学交流	日常的非正式交流也是教师合作的重要形式。通过走廊交谈、茶歇时间的讨论等，教师可以迅速分享信息，获得即时反馈，增进相互理解和支持
观察与反馈	教师之间互相观摩课堂、提供正面反馈和建设性建议，是一种非常直接且有效的专业发展方式，有利于促进教师教学理念的交流和教学艺术、教学技巧的提升
经验分享与情感支持	教师分享个人的教学经验、成功故事以及面临的挑战，可以增强团队凝聚力，同时为他人提供灵感、动力及情感上的支持，有助于营造积极的工作环境

二　教师合作教学类型

日常合作使教师之间取得互信与尊重，共同促进学生的学习和发展，同时也有利于教师个人职业生涯的发展。在此基础上，可以围绕课题研究、教学本身、主题沙龙等开展专门的合作教学。

（一）围绕课题研究的教师合作

课题研究是校本教研的核心与龙头，也是教师合作教学的重要形式。

学校的活动单位通常是按照学科或者年级划分的，形成教研组、年级组。而课题组则是以研究课题来划分的。这种课题不具有学科或者年级方面的明显界限，不同学科、不同年级可以生成同样的课题，如"如何创设连接学生真实生活的情境""如何开展项目式教学""如何实施表现性评价""如何推进现代信息技术与教学的深度融合"等。

一般来说，课题组通过以下两种方式产生：一是由学校先确定若干课题，教师自愿选择，形成研究小组；二是由教师各自提出自己想研究的话题，然后相同或相近话题的教师组成研究小组。课题组成立后，要明确课题负责人，由其组织日常活动。

课题组的行政力与教研组、年级组相比相对弱一些。学校要从制度上给予倾斜，特别要协调好时间、物资等方面，以确保课题研究正常推进。

以下案例体现了一个自下而上的、基于教师实际需求的课题产生过程。[①]

> 经过近一个月的准备，教师的小课题终于报上来了。这已是第二次申报。第一次是在开学初，大家都提出了问题，但感觉不成熟，于是回去一边实践，一边思考自己的小课题。半个月以来，教师陆续提出问题。我们从中归纳出值得研究的 15 个课题。但 30 位教师，14 个课题显然多了。于是，我们请教师从这 14 个课题中选择 3 个他们认为有价值的、想研究的或能解决自己当前问题的课题。选择结果见下表。

课题选择情况

课题	第一目标	第二目标	第三目标
合作学习	7人	6人	7人
倾听交流	5人	5人	2人
开放课堂	4人	2人	3人
创新教材	3人	1人	
家校合作	3人	2人	5人
教师解放	2人	4人	4人
学生个案	1人	4人	1人
网络教学	1人	2人	1人
教室布置	1人		1人

① 李玉平.我们都可以成为研究者：打开教师成长的节点［M］.北京：北京师范大学出版社，2009：145-147.（引用时有删改）

续表

课题	第一目标	第二目标	第三目标
课程资源开发	2人		
预习研究	1人		
学科融合		2人	3人
作业评价		1人	1人
表现性评价		1人	2人

　　根据选择结果，我们确定了合作学习、交流与表达、构建开放的课堂、家校共育4个课题，并确定了相关专业引领。然后让教师在这4个课题中又进行了一次选择。最终，4个课题组成立，每个课题组明确了课题组长和业务支持人员。课题组两周集中活动一次，每学期结束时，对研究成果、存在的问题等进行讨论、总结。

　　上述案例说明，围绕课题研究的教师合作教学主要在学校层面展开，课题组研究的问题是教师普遍会遇到的或者关心的共性问题，这些问题的解决需要也应该借助集体的力量。围绕课题研究展开合作，有利于整合全校教师的力量，形成稳定、全面、大规模的协作，形成研究的氛围和文化。教师群体在思维碰撞中产生灵感，在信息交流中获得启示，在争辩探讨中厘清认知，真正提升教师整体的研究能力。

特别提醒

　　教师合作教学中的课题研究，应该是一种为改造教师教育教学行为而进行的研究，是一种从实践到理论的研究，即从教育教学实践中发现的问题或自认为有研究价值的问题出发，不断地分析问题、解决问题，在学习间接经验的基础上，将普遍性的知识、经验和理论真正内化为自己的，从而实现自身教育教学行为的改进和提高。所以，课题研究应避免出现脱离教育教学实践中实际需求的情况。

（二）围绕教学本身的教师合作

围绕教学本身的教师合作是广大一线教师的主要合作形式。它是一种以教学内容、教学主题、教学课例为载体，开展包括课前设计与分析、课中协同与互补、课后反思与修正在内的，教师群体参与的教师合作教学形式。

1. 课前设计与分析

教师合作备课，集体进行课前设计与分析，是为完成某一单位教学任务而进行的集体决策行为。合作内容包括分析本课内容可以承载的学生核心素养的培养，研究教学大纲和教材，分析知识结构和重点难点，确定教学目标，选择教学内容和拓展资料，制订达成目标的计划措施、教学步骤和方法，以及组内成员分工等。合作方法有集体决策、分工备课、达成共识等。集体决策为教学定向，避免失误；分工备课鼓励教师充分发挥自己的智慧，落实教学方法，形成教学风格；最后通过交流、修正，达成共识，形成最佳教学方案。

例如，基于学校设定的每学期的教学主题，不同学科的教师通过合作备课，确定本学期各自学科的教学内容。

学校结合实际情况、办学特色以及各学科特点，跨学科、跨年级、跨班级开展集体教研，对课程的整合主题进行修订调整，逐渐形成具有学校特色的核心主题和课程内容。各个年级每学年的教学内容都是不固定的，所有学科需要围绕每学期设定的核心主题探究单元进行整合。为提升课程整合的实效性，各年级组教师每年、每学期、每周都要进行集体备课，设计教学方案和教学活动。确定教学主题后，各年级、各学科教师进行分工合作，完成教学内容的选择。教师通过反复的头脑风暴、资料收集、结对共享、研究讨论，确定应整合哪些资源和内容以帮助学生理解所学的探究单元。"教师教教师"的合作贯穿整个过程，每一位教师都在合作中分担责任。所有人既是变化的促动者，也是变化者。

在确定每学期的探究主题后，各学科教师分别围绕探究主题，选择、设计本学科的教学内容，对原有的教学资源进行重组和整合。同时，各学科教师也会通过合作讨论来保证教学内容的一致性和关联性。下表呈现了二年级各学科教师在"动物"探究主题中的合作成果，不同学科的教师围绕探究主题整合本学科的内容，归纳出教学要点。

二年级秋季"动物"主题课程整合内容

学科		教学内容
语文	整合内容	（1）通过学习《小蝌蚪找妈妈》《寒号鸟》等，知道两栖动物及哺乳动物的特点和生活习性 （2）通过学习反犬旁、鸟字旁、虫字旁等部首，掌握部首查字法，了解偏旁与动物种类的关系 （3）通过学习《拍手歌》，了解动物的生活环境及保护动物的重要性
数学	整合内容	（1）能熟练运用乘法公式计算，解决简单的实际问题，感受数学与生活的联系 （2）认识万以内的数并会读，能进行简单的大小比较 （3）能在实际生活中体会并运用大数
	独立教学	（1）结合动物数数的具体情境，经历编制乘法口诀的过程，理解每句口诀的含义 （2）通过情境教学，找到每组乘法公式的排列规则，并在发现规则的过程中培养推理能力
英语	整合内容	（1）学习 farm animals，并复习 wild animals （2）会用 fur、feathers、scales 对所学动物进行分类 （3）简要了解小鸡、鸭子以及青蛙的生命循环 （4）制作动物栖息地图册，了解动物栖息地，如 desert、ocean、forest、savanna、pond 等 （5）能用英文表达动物所需，例如"Animals need air, water, food and a place to live."
社会学		（1）认识世界各地的动物 （2）了解如何保护动物
科学		学习动物的种类和生活习性
个人教育 社交教育 体育		（1）学习武术中象形拳的动作（螳螂、鹰等） （2）学习五禽戏 （3）了解几种常见动物的性情特征，分析自己的性格和做事特点最像哪种小动物

续表

学科	教学内容
音乐	（1）学习歌曲《蜗牛与黄鹂鸟》，根据歌曲内容进行情景创编和肢体表演 （2）根据《小麻雀》的旋律和节奏合作创编歌词与肢体动作 （3）学习歌曲《金孔雀》，根据音乐编创舞蹈
美术	（1）了解大小是从对比中产生的，学习如何突出特征，画一条漂亮的充满整个画面的大鱼 （2）感受动物皮毛的自然之美，了解并分析不同动物花纹的点、线、形状、色彩等，利用综合材料，模拟动物皮毛进行创作 （3）创作保护动物宣传画，掌握宣传画的创作要领，认识稀有动物，培养热爱自然、保护野生动物的意识

这是基于同一探究主题不同学科的整合案例，是一种跨学科的课程整合。具体到每一个学科，各学科组的教师在每周集体备课会议合作讨论的基础上，选择和确定本学科的教学内容。从整合类型上看，主要是方便学生接受新知识，将某一学科原有的教学内容和教学顺序进行优化和重组，是一种学科内的整合。

这是跨学科教师集体合作的备课，在以教研组为单位的教师合作教研的基础上又迈进了一步。教研组内的合作，受教师自身的知识结构局限，教研活动往往停留在半封闭的学科框架内。而跨学科的大教研活动实现了单科教师知识结构的互补，信息交互，思想激荡，以团队合作的形式改变了教师群体的学习和教学方式，为教师对教学工作的探究和反思提供了良好情境，提高了教师的整体合作教学能力。

2. 课中协同与互补

在教师合作备课的基础上，将合作教学模式引入实际教学场景，是值得推广的教育实践。随着课程综合化趋势的加速，跨学科教师团队的协同教学显得尤为重要。这要求组建由多背景、多学科教师构成的教学团队，依据每位成员的专业能力和个人专长，合理分配教学任务，按照精心规划的教学方案协同施教，合作达成教学目标。这一过程犹如一场球赛，每位队员都明确自己的任务与走位，默契配合，协同作战。

协同施教模式，对教师而言，意味着能充分发挥个体优势和专长，对所有学生实施卓有成效的教学；对学生而言，意味着能在不同学习领域和学习内容上获得高水平的专业指导。教师之间的合作灵活多样，不仅限于同科目教师间的协作，更可跨越年级或学科壁垒，实现全校性的教学资源整合。

例如，英语课程要求教师具备说、唱、画、编、导、演等多种素质和能力，可通过团队合作，让擅长绘画的教师负责英语主题海报的设计指导、表演能力强的教师主导对话展示、具有导演优势的教师指导短剧表演等。这样不仅使教师在相互观摩中能取长补短、学习借鉴，也能使学生极大地提升学习兴趣，有利于活跃课堂氛围，提高教学效果。

为保障协同施教的成效，必须优化教学团队的结构。团队成员应在年龄、专业水平、个性特质及教学风格上呈现异质性和多样性（见下表），以形成互为补充的团队生态，这是取得良好教学效果的前提。

协同施教教学团队的组成

互补要素	说明
知识结构与教育经验	不同学历层次与年龄段的教师搭配，共享知识资源，融合教学经验
气质与性格	不同性格类型的教师搭配，激发正向互动，抵消潜在负面影响
教学风格	利用擅长形象思维与擅长抽象逻辑思维的教师差异，针对同一教学内容采取多元教学策略，实现思维训练的全面覆盖
性别搭配	团队中的教师性别组成应合理，以促进思维方式的互补，进一步丰富教学视角与方法

3. 课后反思与修正

协同施教是教师合作教学的核心环节。课上完了，但合作并未结束。教师之间仍需要开展课后合作，尤其是通过评课活动来促进教学质量和自身专业成长。评课是教育领域广泛采用且极为有效的教师合作形式。评课不仅有助于强化教师之间的沟通与学习，还直接关系教育质量的持续提升和教学方法的不断创新。从教研部门的教学督导到学校范围的教学提高、教师个体的专业发展，都离不开听课和评课活动。

具体来说，评课的作用体现在以下方面。

一是教学督导与反馈。在教研部门的层面上，评课活动往往作为教学督导的一部分，旨在通过系统性的观察与评价，确保教学活动符合既定的教育标准和目标。督学或经验丰富的教师会细致观察授课过程，提出建设性的反馈意见，帮助授课教师识别教学中的亮点与不足，促进教师的自我反思和策略调整。

二是学校层面的教学质量控制。在学校内部，评课是一种高效的集体学习和质量控制途径。学校定期组织教师相互听课，之后进行集中评课。教师能在没有评判压力的环境中分享成功案例，共同解决教学难题。评课不仅关注教学内容的准确性和适宜性，也探讨教学方法、师生互动、课堂管理策略等的有效性。

三是教师个体的专业发展。参与评课活动是教师个体专业成长的重要途径。评课不仅能提供直接的同行评价，帮助教师从不同角度审视自己的教学实践，还能促进教学方法的多样化。教师通过观察其他教师的教学风格和教学策略，借鉴、吸收并融入自己的教学之中，促进专业成长。

四是学习型社群的构建。评课活动还有助于构建一个积极向上的学习社群，营造充满活力的学校文化，激励教师不断探索新的教学理念和技术，促进教师之间的信任与合作，增强团队凝聚力。

以教学案例为载体进行评课，是一种便捷高效、操作性强的教师合作教学方式。在主讲教师上完课后，相关学科的教师聚在一起。主讲教师谈本课的设计意图、教学目标和典型的教学实况，结合自己的教学反思，寻找自身与他人的差距，并与相关学科教师进行广泛而深刻的探讨。评课聚焦于课堂教学中存在的问题，厘清教学设计与教学现实之间的差距，进行反思与调整，在此基础上形成新的课例设计思路。

教师不仅是教学的主体，也是合作研究的主体，是真正的教学研究者和实践反思者。要使评课取得实效，就要坚持以下几点：一是要立足教师的发展，如果忽视了这一点，就丢掉了教学研究的本质；二是要置身具体的学校教学情境，要从课堂的真实环境中发现问题，而不是预设和推演问题；三是要坚持群体研究、个体反思，要落实行为调整，保障教师对教学的决策、反思和改进的权利；四是要植根于教学第一线，对教师的教学实践给予深切的关怀和热情的帮助，促进教师的专业发展。

（三）围绕主题沙龙的教师合作

教师之间还可以采用形式活泼、方式灵活的主题沙龙来开展合作。围绕某一主题的沙龙，既可以是同一学科教师的交流，也可以是跨学科教师的聚会；可以是教学理念、教学模式、教学方法和教学手段的探讨，也可以基于典型的教学课例进行集中交流。

主题沙龙形式新颖，方式灵活，是教师合作教学比较重要的一种活动模式。其氛围和谐、轻松、愉悦，可以拉近人与人之间的关系，有利于推动教师为实现彼此共赢做出努力。这对教师个体成长和整体素质提升都有很大的帮助。

在主题沙龙上，教师可结合自身的教学实践，针对集体共同关心的教学话题展开讨论，交流各自的教学反思及感悟。可以谈感受，表达自己在应用新理念设计和实施教学时产生的欣喜或不适；可以谈矛盾和冲突，暴露自己的部分教学行为与原有理念和认识产生冲突的经历，进行深刻的反思；可以进行多方位的对照，如将自己的教学行为与新课程的要求相对照，将新教材与原有教材、课程标准相对照，将自己的施教感受与他人的教学评议相对照，通过对照发现问题、找出差距、分析原因，进而与同伴共同寻找解决问题的办法。

第三节

教师合作教学的实施

现代技术的发展，特别是信息技术的广泛应用，为打破传统的"一人包班、一包到底"的格局提供了可能，开启了协同教学的新局面。云平台、在线协作工具、大数据分析等技术手段使得资源共享、任务分配、进度追踪、成果评估等变得便捷高效，使教师之间的合作也更便利，易于形成团队作战，共同规划课程、共同备课、共享教学资源、互评课件、协同评估学生学习成效，真正实现教师资源与教学系统的优化配置。

一　影响合作教学实施的因素

合作教学作为一种提升教育质量和促进教师专业发展的有效途径，其成功实施受多种因素的影响。这些因素可归纳为学校宏观环境与教师个体条件两个层面。

（一）学校整体层面

一是校长的教学领导力。校长作为学校教育愿景的引领者，其对合作教学的重视程度直接影响学校合作文化的塑造和合作教学实践的成效。校长应积极倡导合作精神，营造鼓励合作、支持合作的教学环境和氛围，激发教师的合作意愿，促进合作教学的开展。

二是学校规模和师资力量。学校规模的大小和师资力量的强弱等条件，对合作教学的可行性、灵活性、有效性具有很大影响。大型学校由于学生数量多、教师人力资源较丰富，可以推进各种合作教学，但由于班级数多，在学生学习活动的规划上要考虑场地和教学资源的限制。因此，大型学校有必要对教师合作教学的实施进行精细管理，以保证各个环节的有效推进。中小型学校由于教师人数较少，应根据学校教师数量和能力水平进行合理分工，创造性地调配资源，必要时可借助外部教师资源，以确保合作教学的质量。

三是合作式的校园文化。教师之间应该形成开放、自然、平等、包容的合作氛围。教师自发形成开放的合作群体，有利于真实交流、彼此分享、平等参与，共同促进课程教学和学生学习。教师应在合作群体中居于平等地位，这样能在群体共同目标的推动下，更有效地促进专业互助与个人成长。

四是必要的条件保障。合作教学的成功实施，需要学校提供充足的教学资源、时间和政策支持，在课程设置、课时保障、教研活动、教师培训等方面制订切实可行的方案，并为教师提供开展合作教学所必需的资金、时间、教学资源和人力保障。

五是合作机制的建立。明确的管理机制是教师合作教学顺利开展、有效运行的制度保障。首先，要建立合作教学组织，通过集体备课、师徒结对、相互听评课等形式，使合作教学成为一种常态化的教学组织形式；其次，要加强合作教学的决策研究，针对合作教学的特点科学设置教学目标，研究教材，分析合作教师的知识结构，确定教学目标和重难点，制订达成目标的计划、措施和教学步骤、方法等；最后，要明确合作教师之间的角色和分工，合理分配教学任务。

六是科学、合理的教学评价制度。教学评价作为学校管理的一种手段，具有很强的导向和激励功能。只有改革单纯注重考试成绩的现行评价制度，才能为教师开展合作教学提供制度保障。过程性评价应注重教师个人参与合作的投入程度、水平层次等情况；结果性评价应将合作教学团体的成效、全体学生的综合考核成绩和教师个人合作水平综合考量，作为评价指标。

（二）教师个体条件

一是教师负担。多数中小学教师除了承担教学任务，还承担学生辅导、班级管理、听课评课、教学研讨等大量工作。繁重的工作任务导致教师难以投入额外的时间和精力开展合作教学。因此，减轻教师的非教学负担，创造更多合作时间，是提升教师合作教学参与度的关键。

二是教师的专业自主权。尊重教师个人的经验和智慧，充分肯定教师个体的主体地位，有利于增强教师参与合作教学的积极性和自主性。专业自主的教师不仅是教学的实施者，更是教学的创造者和反思者。因此，教师合作应以教师的主动性为基础。

三是教师合作的态度和意愿。教师如果能打开自己的心门与同伴协同工作，合作教学就容易实施。因此，学校需要引导教师从个人思维转向集体智慧，从单兵作战转为团队合作，同心合力发挥教育团队的效能。

四是教师教学水平和合作能力。教师本身的教学水平和团队合作能力是实现教师群体有效合作的重要条件。一方面，教师的教学设计能力、课程实施能力、语言表达能力、沟通交流能力和反思能力等，都影响其在合作教学过程中自身作用的发挥；另一方面，教师之间的教育信念、对学生的期望、专业成长意愿、职业发展期待等都不尽相同，教学风格、教学方法和教学技巧也各有特色，能否保持合作教师之间的良好关系，实现顺畅沟通、和而不同，往往决定着合作教学的效果。

二 教师合作教学的具体实施

（一）合作教学的总体流程

以围绕教学本身开展协同施教的合作教学为例，从实施合作教学的时序进程来分析，其总体流程包括教学前准备阶段、协同施教阶段和教学后评估反思阶段。

1. 教学前准备阶段

在合作教学的准备阶段，需要考虑三个方面的因素。一是要考虑影响合作教学的校内外客观条件，包括学校、教师、学生、课程以及校外情况等。例如，在学校方面，要考虑学校规模、合作文化、行政人员对合作教学的支持度、实施合作教学的场所器材、设备等；在教师方面，要考虑教师是否有合作教学的经验和参与合作教学的意愿，还要考虑教师的合作教学能力等。

二是要考虑学校行政人员有关实施合作教学的一切领导作为，这一因素影响着合作教学能否在学校长期顺利实施。三是要考虑教学小组有关合作教学的一切活动。因此，在合作教学准备阶段，需要解决以下问题：得到学校管理层和行政部门对合作教学的支持，激发教师的合作意愿、培养其合作教学能力，建立有利于合作教学的教学管理与评价制度，组建合作教学小组，制订合作教学计划。

学校应根据课程整体规划和教学目标，选择相应学科和教师组建合作教学小组。合作教学小组需要共同协商制订合作教学计划，综合考虑学生状况，设计教学方案、选择教学策略、安排教学过程，并做好教学资源、教学场地、教具设备等的使用规划。之后，根据合作小组教师的特点进行任务分配，制订详细的教学实施细则，如教学流程、教学方式、时序进度等，使每一位教师都能充分明确自己的角色和工作职责。

2. 协同施教阶段

在协同施教阶段，主要根据合作教学计划，选择合适的合作形式开展教学。在这一阶段，根据学生情况、教师情况和教学内容的不同，可以采取多种类型的教学模式，如主辅结合模式、平行教学模式、轮流主导模式、学习站模式等。无论采取哪一种合作教学模式，都要确保教学小组所有教师通过彼此的分工、衔接与整合，协同合作完成教学计划，达到教学目标。

不同教师在如何实施教学、如何与学生互动、如何与其他教师合作等问题上，往往存在不同意见。成功的合作教学不仅需要事先有充分的共同计划，更需要建立相互信任和彼此尊重的良好合作关系，充分发挥各自的优势，承担好不同的教学角色，共同完成教学任务。

3. 教学后评估反思阶段

开展协同施教后，所有参与人员都应秉持自由、坦诚的态度，针对教学计划与实施过程中的得失，进行评估与反思。反思可围绕合作教学的准备是否充分、教学形式选择是否恰当、教学过程中教师的角色分工和教学行为是否合理、师生对教学效果是否满意等展开，并共同讨论是否还存在未解决的问题或不足。针对反思结果，还应共同研讨、制订改进方案或意见，并及时对没有达到预期教学目标的学生提供额外指导。

（二）协同施教阶段的具体合作模式

教师通过合作可以完成各种任务。在很多不同的场合和工作环节都会有合作。但是，最典型也最值得关注的是教学过程中的合作模式问题。

1. 主辅结合模式

主辅结合合作教学主要由一位教师负责教学，其他教师承担辅助工作。负责辅助的教师在不影响课堂正常教学秩序的前提下，可以在教室中巡回走动，给需要帮助的学生提供指导；观察并记录学生的听课情况，收集详细的课堂教学数据；在必要时给主讲教师提供教学辅助，如展示教具、协助管理学生小组活动或分组讨论等。这种合作教学模式比较常见，也易于实施，可以用在不同的教学环境中，如学生数量较多、科学实验课、有特殊教育的学生或者其他需要特别关注的学生等。

主辅结合模式的优势在于合作教师之间需要沟通的事项和计划都较为简单，便于实施；辅助教师的随堂观察和及时的教学反馈可以更好地为学生提供帮助；通过辅助教师的课堂观察，可以了解学生的个别需求，为实现个性化教学提供相关信息。

2. 平行教学模式

平行教学由合作教师一起计划教学内容及实施方式，但分别对同一班级的不同小组进行教学。虽然教授的是同样的内容，但教师仍应依据自己小组学生的实际情况调整教学策略和方法，组织教学活动。

平行教学可以有效降低师生比，提高教学的针对性，使学生有更多机会参与课堂互动，从而密切师生关系，激发学习兴趣，提高学习效率。

3. 轮流主导模式

轮流主导合作教学是指合作教师组成一个教学团队，共同组织教学活动、轮流授课。一位教师讲授教学内容时，其他教师担当协助角色，或几位教师同时以角色扮演、轮流提问的形式进行合作教学。在教学过程中，教师会有角色互换，教师之间的协作贯穿教学全过程。

在轮流主导合作教学时，教师共同参与教学设计，根据各自优势和特点进行任务分配，在课堂上居于平行位置，对学生的教学指导负有相同的责任。这一模式能充分发挥教师各自的优势，最大限度地提高课堂教学的有效性。

4. 学习站模式

学生被分为若干小组，每个小组即一个学习站。教师轮流对每个小组进行指导，并且每位教师只负责完成整节课的一部分教学任务。学习站的流转有两种方式：一种是学生在组内不动，教师分别进不同小组施教，直到对全体学生完成指导；另一种是教师在固定地点，学生按组轮流到每位教师处完成特定内容的学习。无论采用哪种方式，经过一段时间后，要确保每位教师都能流转到所有小组中施教，或者每个小组都能轮换到所有教师处学习。

学习站合作教学兼具平行教学模式和轮流主导模式的优点。一方面，分组降低师生比，使教师与学生的互动更加充分；另一方面，每位教师只负责一部分教学内容，使教师的教学指导更加聚焦。同时，学习站模式能更有效地实施分层教学，如根据学生情况组建不同水平的小组，采取不同的教学策略。

特别提醒

　　各个小组的教学时间控制和学习站的流转衔接等问题，会使教学过程更加复杂，组织难度相对较大。这就要求合作教师在施教前进行充分沟通和计划，对流转衔接过程中可能出现的问题进行充分预设，但不宜对教学内容划分得过于细碎。

三　教师合作教学的注意事项

（一）教学小组的组建

首先，教学团队的组建应基于教师对合作教学的共识。教师对合作教学的态度决定着他的教学投入程度和对争议的处理方式。因此，参与合作教学的教师应是主观愿意并能与同伴合作的，而不应是出于行政压力而参与的。

其次，要制订明确的小组合作制度，这主要包括小组研讨的时间、频次和召集方式，合作教师在团队中的角色、分工和职责，以及团队交流、研讨、沟通的工作原则等。

再次，团队成员的构成要考虑优势互补和匹配程度，如成员在专业技能、个性特点、教学经验等方面的差异。合理的结构有助于强化团队的集体优势，促进教师间的相互学习和专业成长，也有助于提高合作教学的有效性。

最后，学校要为教师合作教学提供必要的教学保障和激励制度。一是要提供必要的专业培训，以提高教师的合作教学能力；二是要建立激励机制，给相关教师提供更多参加教学展示和研讨的机会；三是要鼓励、支持教师开展与合作教学有关的科研活动和课题项目；四是要保障合作教师有足够的时间进行研究、讨论、计划和反思；五是要给与适当的物质和精神奖励。

（二）教学计划的制订与实施

合作教学计划应包括教学内容的安排与呈现，教学形式的选择，教学小组的划分，团队成员的角色、分工和职责，教师之间教学活动的衔接转换，教学过程中的意外和特殊事件的处理办法等。合作教师需要进行详细的计划与讨论，共同解决这些问题。

在协同施教阶段，合作教师要根据教学计划承担起各自的教学职责，确保完成自己的教学任务；要注意彼此之间的教学衔接与整合，通过适当的手段进行沟通交流，协调团队活动，协作完成合作教学任务；要观察、记录自己和合作伙伴的教学表现及课堂情况，在后续反思研讨环节中进行反馈、调整。合作教师之间的合作监控与反馈有助于提升合作教学的质量。

（三）持续的沟通与反思

合作教学是团队工作，教师应秉持自由、坦诚、信任的态度，在合作教学的全过程有效协调，积极沟通，建设性地处理个体之间的差异，做出专业决策，实施专业行为。在这个过程中，教师应考虑自身的专业知识、教育哲学与价值观、教学经验、个人职业目标、个人情绪特征、认知风格等，并对团队成员的特点也应有所了解和思考，考虑这些因素会如何影响自己及整个团队的教学行为。

第四节
教师合作与教学管理变革

随着课程改革的不断深化，如何营造合作文化、优化资源配置、挖掘教师潜力、培养合作精神、支持教师专业发展、调整教师绩效考核，以有效地实施教师合作教学，已成为学校管理者不得不关注的问题。教师合作成分的增加强烈呼唤学校教学管理的变革。

教学管理的所有要素中，教师管理是第一要素。有合作精神和合作能力的教师组成的群体，不仅能较好地配合管理者实现教学管理理念和目标，更能推进教学管理变革，实现教学管理模式和方法创新。

一　教师合作对教学管理的影响

教师成长受不同地域文化和教育经历影响，这使从学校层面提高教师教学水平、统整教育观念的任务格外繁重。传统进修或教研方式注重教师的单兵作战和教师个体的领悟，而往往忽略教师之间的交流以及教师作为学习主体的思维、体验和情感，难以快速实现教师队伍向团队型转变。为此，学校应进行创造性探索，以解决"如何把个体积累研修变成团队型整体发展""如何通过凝聚和提升教师集体智慧，促进学生全面和个性化发展""如何通过教师的合作教学带动学生学会合作、学会学习"等方面的问题。

要使广大教师适应课程改革的需要，不断提升教育教学水平，促进自身专业发展，就必须在学校层面建立促进教师合作教学的管理制度。一是要构建教师团队发展的理想环境，如有任务驱动并且贯穿"做中学"的应用性环境、使用网络和多媒体技术的技术性环境、在跨学科合作碰撞中发展集体智慧的交互性研究环境、在合作中实现自我超越的激励性环境，以促进高质量的校本研究、协同施教等教师合作教学。二是要形成对话机制，为教师之间进行信息交流、经验分享和专题研讨提供平台，倡导科学的合作精神和实事求是的态度，营造求真、务实、严谨、激励的合作氛围。三是要形成显性激励和隐性激励的有机交融，构建教研氛围浓郁、人际关系融洽、激励教师团队进步的大环境。

二　教学管理变革的主要任务

（一）在教学管理中激活教师的合作意识

学校的教学管理首先是教师管理，而教师管理的核心又在于观念提升。教师合作教学的前提是每位教师都有合作的意识，认同合作教学能够带来课堂的改变，提高教学效果。

1. 帮助教师认识到合作教学的优势

要使广大教师真正认识到合作教学有利于保持教师间和谐的人际关系、提高教育教学效益、弥补教学过程中的缺陷、积蓄教改能量，有利于教师个体的专业发展和事业成功。

2. 引导教师形成双赢思维

双赢思维有利于打破部分教师对人与人之间关系"非赢即输"的思维定式。植物界有一种"共生效应"，即某种植物单独生长时会枯萎死亡，而与另一种植物一起生长时，两者都会生机勃勃。教师之间的合作也可以产生这种"共生效应"。学校要引导教师在满足自己需求的同时，主动考虑其他教师的需求，肯定其他教师的能力和贡献，主动关心和帮助其他教师，以谋求共同发展。

3. 强化教师的全局观念

教育的目的是全面提高学生的整体素质。任课教师只有协同合作、团结一致，才能达到这一目的。有了全局观念，教师才会把所教课程摆在全局位置，才会将促进学校教师团队发展作为个人发展目标，有效增强合作的自觉性。

（二）建立互助分享、开放有效的校本教研制度

课程改革越深入，越需要学校管理者积极创设良好的合作研究环境，加强教研组织的管理创新。教研组织不只是一个上传下达的职能部门，更是一个观念转变、实践演练的培训基地和探索问题、解决问题的合作组织。教研组织能动性的激发，需要一整套行之有效的制度作为保障。

1. 完善、实化常规教研活动

要立足新课程精神，从教研的过程、内容、方式三个角度进行研究和实践，注重教师之间的交流、对话、互动和分享，着重解决三个方面的问题：一是如何形成个体反思、同伴互助、专业引领三者的良性互动；二是各教研组如何根据本学科的特点、教师现状、新课程要求，选择、组合好相互匹配的教师开展合作；三是学校如何做好支持、指导和服务，保证各学科教研活动的有效开展。

2. 开发、丰富非常规教研活动

为顺应课程改革的要求，应着力探索跨学科的教研新格局，组织跨学科、跨年级的教研活动；探索网络环境下开展教师合作教研的方法和策略，在支持性、互动性上下工夫，构建教师主动参与、共建共享的网络教研平台。

（三）建立有利于教师合作的激励机制

在学校教学管理层面营造促进教师合作教学的良好氛围，还需要建立有效的激励机制。

1. 建立科学的选人机制

在选任各类教学骨干、学科带头人、优秀教师的过程中，要注意考察教师的合作精神，选择那些既有能力和才华，又有合作意识和良好合作品质的

教师。

2. 建立全面的评价机制

教学评价作为学校管理的一种手段，具有很强的导向和激励功能。要改革现行的评价制度，变单纯的考试成绩评价为过程性评价，科学与人文并重，关注教师个人参与合作的投入水平，为教师合作教学提供评价保障。将合作意识与能力作为重要的评价内容纳入对教师的考评中，确保评价结果客观、公正。

3. 建立合理的奖惩机制

要尽可能将教师奖励和绩效考核以团体而不是以个人为对象，引导教师以集体竞争取代个人竞争，形成"组内合作、组外竞争，校内合作、校外竞争"的生动局面；要尊重教师工作的特点，注重精神层面的激励，让教师有更多的表现机会。

4. 寻求校外专业支持

教师合作的本质是专业共同体建设。为此，除了要强化校内激励支持体系，来自校外的专业支持同样重要。对教师来说，校外专业支持是非常难得的发展资源。引入校外专业力量，扩大专业共同体范围，能让教师获得更加专业、开放的发展平台。

XIE TONG JIAO YU DE

ZU ZHI YU SHI SHI

协同教育的
组织与实施

　　教育的目的是育人，是促进人的全面发展。从学生发展的角度看，学校只是整个育人体系中的一种专门机构。为了更好地达成育人目标，除了学校，家庭和社会（社区）同样发挥着重要的作用。随着教育的社会化、开放性程度越来越高，协同育人的意义更加突出。其中，家校协同教育又处于协同育人体系的中心。

　　本讲在家校社协同育人的总体框架下，重点关注家校协同问题。

第一节
协同教育概述

美国心理学家布朗芬布伦纳的生态系统理论提出，儿童所处的社会环境由内到外依次是微观系统、中间系统、外层系统和宏观系统。其中，微观系统与儿童的关系最为紧密，是儿童活动和交往的直接环境，包括幼儿园、家庭等。[①]

一 协同教育是教育发展的必然趋势

在人类早期，教育与日常生活是一个整体，没有专门的教育者、受教育者和独立的学校。人们生活、劳动、活动的过程同时也是教育和影响年青一代的过程。

近代工业化的过程在较短的时间内强化了社会的职业分工。学校教育正是社会分工的产物。工业化的过程实际上也是学校围墙越来越高、越来越趋向于封闭的过程。一般的社会成员很少真正了解师生的学校生活和课堂生态，导致学生的家庭生活和社会生活与学校生活差异巨大，甚至出现脱节。

随着教育民主化、社会化、全民化、终身化的发展，教育社会化和社会教育化的新趋势又出现了。在当代社会中，包括家长在内的社会公民的教育意识得到增强，他们愿意与学校一起，共同承担起教育年青一代的任务。

苏联教育家苏霍姆林斯基认为，学校应是"家外之家"，家庭应是"校外之校"，最理想的教学是"学校—家庭"教学。一方面，学校教育要积极吸收家庭教育环境能给学生提供的有益的东西；另一方面，家庭教育也需要

---

① 周瑞.家校协同的阻碍及其突破［J］.教学与管理（小学版），2021（9）：10-12.

配合学校做出某种改变。

协同教育的根本意义在于把人的成长变成全社会的事情，而不只限于学校教育。因此，协同教育的本质是围绕人的成长实现整个社会在结构关系、职能定位和资源配置上的转变。正如有研究者提出的那样，实施协同教育，在宏观体系上，"转变了工业社会背景下学校教育与家庭教育体系相分割的局面，改革了公共教育资源的配置方式，建立了完善的学校教育体系与家庭教育服务指导体系"；在功能转换上，"进一步确定了学校提供公共教育服务的法律地位，强化学校支持家校协同共建的主体责任"；在微观机制上，"关注教育资源转换系统与机制建设"。[1] 可以说，关注协同教育问题，就是以人的成长为中心，关注社会、家庭、学校之间结构关系的改善、职能定位的改进和资源配置的优化。

二　我国协同教育的政策支持

21 世纪以来，我国出台了一系列有关协同教育的规划、政策、法规，既对协同教育进行了目标规定，也在具体工作方法、策略、保障等方面对协同教育进行了指导和规范。通过协同教育提高育人质量，已经成为教育改革发展的重要主题。

2002 年，《全国家庭教育工作"十五"计划》提出，认真落实《中国儿童发展纲要（2001—2010 年）》中提出的家庭教育的目标，提高家庭教育质量，提高科学教子的水平和能力，使家庭教育与学校教育、社会教育紧密配合，形成合力，培养"四有"新人。

2007 年，《全国家庭教育工作"十一五"规划》进一步提出要推动构建学校、家庭、社会"三结合"的教育网络。

2016 年，《关于指导推进家庭教育的五年规划（2016—2020 年）》提出到 2020 年，基本建成适应城乡发展、满足家长和儿童需求的家庭教育指导服务体系。

---

[1] 高书国. "旋转门"：构建家校协同育人体系 [J]. 教育与教学研究，2020（7）：64-73.

2020年，《中共中央关于制定国民经济和社会发展第十四个五年规划和二〇三五年远景目标的建议》进一步强调，健全学校家庭社会协同育人机制。

2021年，《关于进一步减轻义务教育阶段学生作业负担和校外培训负担的意见》特别指出，要"完善家校社协同机制"，将其作为推进"双减"工作的重要举措。

2022年1月1日，《中华人民共和国家庭教育促进法》（以下简称《家庭教育促进法》）正式施行。《家庭教育促进法》明确了家庭在未成年人教育中的责任，对家庭、学校之间的配合和协同方式提出了明确要求。《家庭教育促进法》的制定，是我国未成年人协同教育进入一个全新历史阶段的重要标志，表明我国已经通过法律的形式对学校教育与家庭教育的协同化、一体化，做了顶层设计和规定。

2022年，《关于指导推进家庭教育的五年规划（2021—2025年）》提出，到2025年，家庭教育立德树人理念更加深入人心，制度体系更加完善，各类家庭教育指导服务阵地数量明显增加，稳定规范专业的指导服务队伍基本建立，公共服务资源供给更加充分，覆盖城乡、公平优质、均衡发展的家庭教育指导服务体系逐步完善，学校家庭社会协同育人的机制更加健全，家庭教育在培养德智体美劳全面发展的社会主义建设者和接班人中发挥更重要的基础性作用。

三 国外协同教育的发展

教育的社会化水平取决于社会的教育化水平。在教育化水平较高的发达国家，协同教育问题不仅得到了全社会的价值认同，也在基本的政策制定、公共空间建设方面得到支持。

（一）美国的协同教育

美国家长教师协会（Parent Teacher Association，PTA）经过100多年的发展，形成了三级组织结构：国家PTA、州级PTA和地方/学校PTA。

三级 PTA 的基本职责大致相同：第一，为儿童代言，参与有关儿童的相关决定；第二，帮助父母掌握教育、保护儿童的方法；第三，鼓励父母积极参与公立学校的教育。①

2014 年，美国教育部发布了《双重能力框架》，旨在加强中小学和家庭之间的合作，以提高学生学业成就。2015 年的《每一个学生都成功法》也涉及家长参与教育的内容，强调家长的参与对学生的成功至关重要。

总体来说，美国有基于学校的协同育人模式和基于家庭的协同育人模式，这些都值得我们重点借鉴。②

1. 基于学校的协同育人模式

20 世纪 80 年代后期在美国兴起的校本管理运动倡导更多的利益相关者发声，因为这能优化学校决策，并能让更多人投入教育，以提高学校教育效能。教育责任和决策权被下放到地方教育部门和学校，学校主动邀请家长、社区和高校参与育人的进程，进而推动学校创新，以适应其所处的社会大环境。校本管理理念催生了学校委员会、伙伴行动小组等协同育人组织在学校的建立。

2. 基于家庭的协同育人模式

基于家庭的协同育人模式强调以优势视角看待家长尤其是低收入家长群体的育人角色，既不让家长置身事外，也不把他们看作学生问题的根源，并且重视家长的联合力量。从目标来看，主要可分为利用家长资源、开发家长资源两种类型。前者的典型模式为家长集体参与模式，后者的典型模式包括家长学院以及针对特殊儿童群体的家长培训项目。

（二）日本的协同教育

日本家校协同教育的组织及联络形式基本以 PTA 为主、其他社会组织为辅。

PTA 是日本最大的非政府形式的家长教师协会，其职责范围从中央到地方几乎全面覆盖。PTA 的管理涵盖学业指导、生活指导，以及为学生提供良好的生活环境，特别强调平等人权；坚守"家庭是教育的起点"这一理念，长期呼吁和培养家长成为良好的公共教育参与者。PTA 在家校协同教育机制中，还起着承载民意和对接沟通的作用。PTA 会积极应对日本教育事业的发展计划，并按一定周期对教育计划的落实情况进行普查和记录，收集相关资料及民众反馈。

除了 PTA，在法律法规的促进与约束作用下，儿童福祉团体、学校运营协议会、社区教育组织等群体也不断发挥独特作用，为促进家校协同教育发展持续提供帮助。儿童福祉团体的工作内容偏向服务性质，在全国各地设立机构，负责家庭咨询、儿童咨询以及育儿支援等辅助工作；学校运营协议会以学校为单位，相关负责人由教育委员会指认，负责传达地方学校的个体方针；社区教育组织负责组织学生交流会、家长交流会以及教师交流会，将三方提供的意见进行整合，提交给校方进行参考。①

（三）新加坡的协同教育

新加坡政府在第四次教育改革中提出，应着力培养学生的探究精神和创造力，以使学生有终身学习的热情。这一改革目标让中小学校和教育界人士意识到，学校教育必须密切联系与学生成长相关的个体、团体和组织，营造整个社会共育人才的氛围。为此，学校各尽其能加强与家庭、社区的合作，成立家长支援小组，使家庭和社区成为学校的教育合作伙伴。家长支援小组的职能和具体工作主要包括：一是支持学校工作，补充学校教育，尤其要在创造有利的学习环境方面做出努力；二是支持家庭教育，帮助家长贴近并了解自己的孩子，具体工作方式是带动家长积极参与家长支援小组的活动，促使更多的家长志愿者服务学校和学生。

---

① 王瑞娜.日本家校教育协同机制及其启示［J］.教学与管理（理论版），2021（2）：122-124.

　　2011 年，新加坡政府对"好学校"进行了重新界定，认为好学校的指标之一是要促进学校和社区之间的伙伴关系，为满足学生的发展需求做出努力，帮助学生感受到更强的社区归属感，塑造"我们的孩子"的教育历程。学校要在父母、社区的支持和共同努力下，保证学生有最好的发展。家长支援小组针对具体工作内容，一般通过开展活动来履行职责，如支援学校开展阅读计划、国家庆祝活动，参与图书馆整理等；组织内部聚会（这是学校为了感谢合作伙伴而专设的活动，每年会有 1~2 次）；与学校的其他协同教育组织如父亲小组、母亲小组等互为补充小组，为对方提供支持，合作开展活动。①

① 赵澜波，赵刚 . 学校、家庭、社会协同机制与体制研究：基于美国、日本、新加坡协同教育组织的比较［J］. 外国教育研究，2021（12）：20-38.

第二节
协同教育的实施

实施协同教育，涉及不同的主体。从学校主体的角度看，一方面要把握实施协同教育的一般要求，另一方面要注重利用并改进协同教育的常见方式。

一 实施协同教育的一般要求

（一）形成共同的价值

实施协同教育，当然要实现方法、组织、资源方面的协同。但是，如果我们不关注价值问题，就会陷入方法主义，出现为协同而协同、为活动而活动的现象。就像有研究者批评的那样，现有的家校社协同育人形态主要为讲座、亲子活动，以组织方为主，具有较强的组织方意图表达特征，目的性不够明确，存在泛化现象。[①] 所谓的"泛化"，就是为协同而协同、为活动而活动的结果。

事实上，要最大限度地发挥协同教育的力量，首先需要实现育人理念的协同，核心的问题是达成育人价值的一致性。教育的全部目的在于促进学生的发展，但是功利主义不仅对家庭教育也对学校教育造成普遍的价值偏离。虽然经过几轮课程改革，学校教育越来越致力于学生的全面发展和健康成长，但应试教育的倾向事实上并没有实质性转变。家长当中，只关注孩子分数和升学情况的现象则更加普遍。

---

① 储朝晖 . 家校社协同育人实施策略［J］. 人民教育，2021（8）：33-36.

教师和家长的沟通困难往往来自双方教育目的的不一致。这一问题不解决，协同教育就没有共同的方向，南辕北辙式的合作很难构成"协同"。有效协同实施的前提就是不同教育主体坚持以学生的全面发展和健康成长为中心。没有这样的共同价值，所谓的协同，不仅没有效率，甚至可能产生负面效果。

（二）明确教育活动的主题

所有专门的协同教育都会以活动的形式呈现。活动应有明确的主题，针对特定的教育内容。从实践情况看，活动主题越明确，活动效果往往越好。明确主题，就是聚焦问题。要想实现家校社协同育人，首先需要在"协同主题"上达成共识，即解决各方都想解决的问题，而不是单方面确定主题。那么，家校社三方都能达成共识的问题从哪儿来？它的范围可能包括教育法律法规、政府政策关注的问题、未成年人成长中存在的问题、学校自身无法解决的问题、家长关注的问题，等等。但并不是所有这些问题都能被三方认可为协同育人需要解决的问题。有些是家长认为学校就能解决的问题，或是学校认为家长就能解决的问题，或是政府部门想解决的问题而家长未必想参与。[①]

确定家校社协同育人的共识主题是一个复杂的过程，需要综合考虑多方面的因素，以识别能激发家校社三方共同关注并愿意协作解决的教育问题，从而推动形成更加高效、可持续的协同育人模式。下面一些步骤和方法可以帮助识别和确立这样的协同主题。

1. 政策研读与解读

深入研究国家及地方的教育法律法规和教育政策文件，明确政策导向和支持的重点领域，如减轻学生课业负担、促进学生心理健康、发展学生科学素养等，这些往往是全社会关注的焦点，易于达成共识。

2. 调研与数据分析

通过问卷调查、访谈、座谈会等形式，分别收集家长、教师、学生以及

---

① 储朝晖.家校社协同育人实施策略［J］.人民教育，2021（8）：33-36.

社区成员的意见和建议。同时，分析教育部门发布的统计数据、研究报告，了解当前教育领域普遍面临的问题和教育发展趋势。

3. 问题筛选与优先级排序

基于收集到的数据和信息，组织专题研讨会，邀请家校社三方代表共同参与，对列出的问题进行讨论和筛选，识别出那些影响面广、紧迫性强、单方面难以独立解决的问题，如当下学生的学业负担过重问题、学生身心健康问题、手机管理问题等，并按照其重要性和紧急程度进行排序。

4. 明确责任与角色

在确定需要协同解决的问题后，进一步细化分析家校社各方在解决该问题上的具体职责、资源投入和预期贡献，各方确认自己能够在某个环节发挥作用、产生效果。这一步有助于确保每一方都认识到自己的作用和价值，增进参与感和责任心。

5. 制订行动计划与评估机制

围绕共识问题，参与协同教育的各方共同制订详细的实施计划，包括短期目标、长期目标、具体措施、时间节点、资源配置等，并建立监督和评估机制，确保计划的有效执行和及时调整。

6. 持续沟通与反馈

建立常态化的沟通平台和反馈机制，定期召开家校社联席会议，交流进展，讨论遇到的新问题，根据实际情况适时调整协同策略，保持协同育人的灵活性和适应性。

（三）对教育活动进行必要的设计

主题只是活动所聚焦的内容或范围。在确定了主题之后，究竟采用什么样的方式开展协同教育活动，有多样化的选择。同一主题完全可能采用不同的活动形式，这需要进行具体的设计。活动设计就像是剧本，没有好的剧本，就没有演员好的表现；活动设计也像是工程图纸，要造出理想的建筑，必须有清晰可操作的蓝图。

以下是一位教师组织理想信念教育主题班会的做法。①

本次班会课的主题是理想信念教育。如何让教学内容更贴近主题？在设计时，我颇费了一番心思。

学生即将升入初中，学习压力随之而来。但是，部分学生缺乏学习目标和动力，抵触学习，放任自流。这不仅让教师更让家长痛心。因此，理想信念教育这一主题在家校之间架起了一座桥梁，促使家校携手，相互合作、协同共育，共同致力于学生的成长和发展。

主题班会之前，各方都做了相应准备。教师联系家长，设计问卷，收集资料，准备硬卡纸，制作课件。家长回顾自己学生阶段的理想信念和寻梦、追梦的故事，梳理与主题相关的家庭教育经验。学生结合典型现象排练小品，调查和收集相关资料；个别学生梳理自己践行理想信念的经历。

班会分四个环节推进：（1）故事连线，引出理想信念；（2）直击现实，树立理想信念；（3）行动指引，践行理想信念；（4）总结提升，强化理想信念。四个环节的设计，由浅入深，环环相扣，既不断指向学生对理想信念的认识，更注重学生对理想信念的有效践行，提供行动指引和榜样目标，具有一定的教育和启发价值。

主题班会的设计始终将家庭教育放在至关重要的位置。无论是邀请家长代表回顾自己学生阶段的理想信念，并分享自己寻梦、追梦的故事，还是邀请班级学生及其家长分别从学生自身和家庭教育两方面合作分享践行理想信念的经验，都充分体现了家校共育对学生成长的重要作用。

本次主题班会活动是比较典型的家校协作共育案例。第一，活动从学生的现状出发，确定了非常明确的主题，即毕业班学生的理想信念教育问题；

① 李根.家校合作点燃梦想，协同共育成就美好：理想信念教育主题班会设计［J］.新班主任，
　2019（5）：33-35.（引用时有删改）

第二，充分发挥家校协同的力量，运用家长和家庭教育的资源，让理想信念教育更加贴近学生真实的生活；第三，活动准备充分、具体、可操作，充分调动了学生、家长、教师各方的积极性；第四，教师对活动程序进行了清晰的设计。

相较于传统说教式的主题教育，活动化的协同教育效果显然更加突出，但在活动设计和组织方面也更加复杂，这对教师提出了更高的要求。很多学校协同教育难以推进的重要原因之一，就是教师不善于或不愿意组织这样复杂的活动。

为了帮助教师科学设计、有效组织家校社协同教育活动，学校应更多地发挥团队的力量，组织教师形成一个共同合作的小组，最大限度减轻教师在活动设计、组织和相关资源准备方面的负担。

（四）充分利用网络化渠道

协同教育的实施不仅要解决家校社不同主体之间的责任分工问题、组织制度问题、教育内容主题和活动流程问题，还要关注协同教育实施的媒介问题。教育过程从形态上看，就是一个信息交互和沟通的过程。沟通媒介的变化意味着教育方式的转型迭代。网络化渠道大大拓展了教育的时空边界，使得家校社协同教育活动的实施更加多样、灵活、可行。

利用网络化、信息化、数字化渠道加强家校社协同教育，几乎是与网络技术的诞生同步出现的。移动通信技术的发展使网络化协同教育变得更加便捷。网络化渠道在协同教育方面能发挥很多作用，如信息传递与交流、资源共享与学习支持、共同活动组织与管理、数据收集与评价等。目前，绝大多数学校和教师都会通过网络渠道与家长建立联系和沟通，微信群、QQ群、云盘的运用已成为常态，学校独立建设、地方教育行政部门统筹建设或者社会化的专门的协同教育网页、网站、平台也呈现海量化发展态势。

二　协同教育的常见方式

从学校教育的角度看，目前，推进家校协同、提升育人质量主要有教师、学校和地方教育行政部门等主体，具体方式有成立学生成长共同体、家长委员会，设置学校开放日、家长接待日，组织学生作品展，邀请家长参与教学，举办家长学校，召开家长会等。下面我们重点关注比较常见也比较重要的几种方式。

（一）学生成长共同体

学生成长共同体是在现有班级管理之外的一种非正式组织，能弥补班集体管理过于统一、规模过大，很难满足学生个性化需求的缺陷。

学生成长共同体应具有以下几个方面的特点，以保证育人效果。第一，稳定性。学生成长共同体一旦建立，就应当尽量保持稳定，分别在小学六年、初中三年、高中三年尽量保证共同体中的学生、教师、家长等成员基本不变。只有保持稳定的成员关系，才能更好地发挥共同体对学生成长的持续作用。第二，协同性。共同体应实现角色的多样化，除了学生、教师，家长和其他社区成员的深度参与将为学生成长提供更加真实、丰富的人际体验和社会资源。第三，组织性。虽然共同体是一种非正式组织，但共同体内部仍然需要在共同协商的前提下形成基本的制度，增强每一位成员的责任感。第四，目标性。共同体成员之间的合作交往总是围绕一定目标进行的。没有目标，共同体建设就会流于形式，很难持久。共同体的目标既要有长远的目标，更要有阶段性目标。只有根据学生成长实际不断建立阶段性目标，共同体才能相应设计并完成具体活动，持续促进学生成长。

特别提醒 ━━━━━━━━━━

共同体的实质是互助合作。因此，成员角色特别是每名学生的角色不能固化，不能形成地位上的差异，应当体现相互平等、共同合作的特点。

以下是北京市一〇一中学建立学生成长共同体的做法。[①]

---

① 陆云泉，刘子森，杨双伟，等．学生成长共同体：家校社协同育人模式的实践探索［J］．人民教育，2022（1）：60-62.（引用时有删改）

学生成长共同体是根据学校班级授课的实际情况，在初、高中时间段内，按照异质、均衡、互助、共生的原则，由学习者与助学者（包括任课教师、家长志愿者、学长志愿者和社会其他辅助者等）共同构成的团队。成长共同体的每个小组一般有学生6~7人，每位小组成员都需要根据自身特点在小组内承担一定的职责。小组设组长1人，负责纪律考勤、运动健康、休闲阅读、家务劳动的分别1人，负责作业检查的1~2人。成长共同体内成员具有共同的目标，相互尊重，平等交流，资源共用，彼此分享情感、思考、体验，促进各成员德智体美劳全面发展。

1. 建立协同制度

学校设立专门的学院负责学生成长共同体运行，协同家长委员会、家长学堂等助力学生成长。成立班级、年级、校级三级家长委员会，每学年依据需求召开各级家委会会议，传达学校育人和管理理念，倾听家长声音；开设家长学堂，基于不同年级实际情况，设定家长学堂学习主题。

2. 完善分工合作

在常态学习阶段，成长共同体小组成员分工合作。组长全面负责本小组共同体事务，检查成员每日计划完成情况，协调组内事务工作，积极配合指导教师、家长志愿者、学长志愿者的工作，了解成员的思想动态和各种特殊情况并及时向指导教师或班主任反映汇报，调动小组成员积极性；纪律考勤长负责做好成员的上课考勤工作，为成员全面健康成长提供纪律保障；运动健康长督促成员合理饮食，完成每日运动，每周组织成员开展1次集体体育活动；休闲阅读长督促成员完成每日阅读，每周组织成员开展1次阅读活动；家务劳动长督促成员完成每日家务劳动，每周组织成员进行1次厨艺或其他劳动技能展示；作业检查长汇总各科作业上交情况，并与课代表、任课教师及时沟通。

3. 整合各方资源

学校以学生成长共同体为单位，基于不同年级协同育人目标，以班主任为核心和纽带，整合动员、配置利用各类教育资源，形成"大教育"氛围，力争做到不让一名学生掉队。

（二）家长参与教学

从一般意义上说，国家开设的课程传承的是人类文化的精髓。课程的展开应当是一个社会化的过程。高质量的课程实施绝不仅是教师的事情，而应当尽可能地调动全社会的力量。中小学课程的综合化、实践性趋势，也使教师专业化结构的问题、组织活动时教师数量不足的问题更加突出。在这样的背景下，邀请家长直接参与学校的教学生活，不仅更加重要，而且非常必要。家长是一支十分有效的教育力量，他们对学校事务和学生学习质量的提升抱有天然的热情。在一个开放的学校教育环境中，家长走进课堂，参与教学过程，应当是一件非常平常而有效的事情

邀请家长参与教学，需要解决两个方面的问题。第一，学校教学组织与管理制度的变革。邀请家长为学生做一场集体报告是比较容易的，但要让家长深度参与教学过程，学校的管理环境就应做出改变，以使家长有条不紊地加入学校教育的各类活动中。第二，必要的培训和团队协作。学校应通过必要的培训帮助家长或其他社会成员掌握一定的教学组织技能，使他们与教师形成清晰的职责分工和相互配合的关系，以提高教学活动的效率。

（三）召开家长会

召开家长会是学校与家庭沟通的比较正式且有效的方式。一般情况下，学校每学期都应该以班级为单位，召开 1~2 次家长会。组织一次完整的家长会，教师通常要达成以下目标。

1. 了解家长，进而更好地了解学生

召开家长会，并不是把家长集中起来，对他们进行集体"训话"，而是要通过沟通，了解学生的家长及其家庭情况，进而更加深入地了解学生，了解他们的成长背景。"要想很好地了解孩子，就要很好地了解家庭——父母、

兄弟、姐妹及祖父母等。"[1]

2. 促进家长之间的交流

家长是一种重要的教育资源，他们对学生的影响是学校教育不能替代的。但是，家长又不是职业的教育者，他们在日常生活中可能很少有意识、有机会去思考和整理关于教育孩子、与孩子相处的问题。召开家长会正是为他们提供这样的机会。

在家长会期间，家长更易集中思考自身家庭教育的问题以及与学校间的协调和沟通问题，也会十分关注其他家长的想法和做法。家长彼此之间很容易产生共鸣，形成共同的见解。教师应在家长会上让家长有表达和互相了解的机会，让部分家长提供典型经验，并由此影响其他家长，或让家长分组进行一些深入的对话，也可以把家长会设计成围绕某个主题的活动。

3. 向家长介绍学校的教学情况和学生的在校表现

召开家长会的重要目的之一是向家长介绍学校的教学情况和学生的在校表现，这也是家长很想了解的内容。介绍形式可以是多样的，如结合 PPT 的口头介绍、学生作品展示、学校教学活动开放等。教师在介绍学生情况时，内容要集中，要更多地向家长陈述事实，不宜对学生做出过多定性评价，应充分照顾家长的不同特征和需求。

4. 帮助家长转变教育观念、提高教育水平

理解教育、掌握教育的技巧，这是教师的专业特长。因此，在与家长的交流沟通中，教师有责任帮助家长转变教育观念、提高教育水平。例如，设计运用专门的量表、问卷，或者采用谈心等方式，深入了解家长的教育观念及亲子关系状况；建议、指导家长学习一些现代心理学和教育科学知识；为家长做出示范，选择一些家长介绍家庭教育与孩子成长的经验；鼓励家长向孩子学习；组织家长就各自的家教实践和体会等进行交流沟通，相互学习，不断改进；等等。

---

[1] 苏霍姆林斯基.把整个心灵献给孩子[M].唐其慈，毕淑芝，赵玮，译.天津：天津人民出版社，1981：17.

特别提醒

　　家校协同的基础是互补而不是雷同。学校教育的计划性、目的性很强。家庭关系以血缘关系为核心，虽然也是一种社会关系，但这种社会关系属于人和人之间最自然的关系。家庭教育是在现实的日常生活中自然而然地进行的，倘若过于理想地刻意追求，反会招致种种破绽。① 因此，教师在帮助家长转变教育观念、提高教育水平的过程中，要十分尊重并保持家庭教育与学校教育各自的特殊性，不能把学校教育的一套拿来，要求家长照着做。

5. 做好后续工作

　　在召开家长会后，为发挥家长会的后续作用，还要注意做好三项工作：一是收集家长书面建议单、家长会反馈单等，装订成册，归类备查；二是对家长的建议或意见做出回应；三是与因故未到会的家长取得联系，邀请其抽空到校交流，或采用电话联系、登门拜访的方式，及时进行沟通。

（四）家访

　　随着现代通信技术的发展，教师、学生、家长之间的联系变得便利和快捷，很多人认为家访这一传统形式已没有存在的必要。从实践效果看，人与人之间面对面的沟通是数字化媒介不能完全取代的，家访的作用仍然十分重要。

　　做好家访工作，在操作上需要注意以下几点。

1. 遵循全员性原则，及时发现问题，确定家访对象

　　每名学生都是生动的个体，都有自己的特点，其中有积极的东西，也会有一些消极的东西。这就要求学校和教师遵循全员性原则，及时发现每名学生的问题，逐个加以引导和约束。对问题较为突出的学生，如思想情绪反常、学习大起大落以及有其他特殊情况的学生，应在了解情况、认真分析的基础上，通过家访，及时与家长沟通联系，共同进行教育和疏导。

---

① 筑波大学教育学研究会.现代教育学基础［M］.上海：上海教育出版社，1996：148.

2. 遵循时效性原则，把握家访时机，做到有备而访

在家访之前，教师要认真、细致地分析学生存在的问题，查找原因，同时留心观察，捕捉家访的最佳时机，做到有备而访。一是备家长及家庭情况。家访之前，教师要大致了解学生家长的工作和生活情况。二是备家访目的。家访目的是传递信息、了解情况、沟通思想，还是加强联系、达成共识、相互合作，对此，教师需要在家访之前明确。三是备学生的在校情况。教师要对学生的在校表现如性格特点、兴趣爱好、学习情况、思想状况、优缺点和突出问题等胸有成竹，以便详细、如实地向家长反映，并能客观、及时地解答家长的疑问和困惑。四是备所要提出的问题。教师在家访时向家长提问要有针对性，要紧扣主题，不能漫无边际，脱离中心；问题要有条理，要做到提问的循序渐进，切不可东拉西扯，缺乏目的性和条理性。五是备处理问题的设想。教师在家访之前要有处理问题的初步设想，自己该做什么，家长要做什么，双方如何配合，事先都要有预设。要借助家访，将有关家庭教育的理念和方法传递给家长，让家长意识到自己对孩子成长、成才的重要性。

3. 遵循平等双向性原则，注意谈话方式，把握分寸

教师要注意谈话的方式方法，营造与家长和谐交谈的气氛，消除家长的戒备心理。家访不应是单向的说教，而是朋友式的交流。为此，教师要转变观念，多一些友善，多一些疏导。在介绍学生情况时，要客观公正；在指出学生问题时，既要引起家长重视，又要维护学生的自尊心；在和家长研究对学生的教育问题时，要用商量和征求意见的口气，决不能居高临下、盛气凌人。

家访是一种双向活动。教师要认真听取家长的意见，回答家长提出的问题，对家长的不当措辞甚至尖锐批评，要虚心听取，把家访视为一个学习的过程。

4. 遵循巩固性原则，对学生进行适时的督促和评价

教师在家访后要趁热打铁，及时对学生加以督促，努力实现家访的目的。这是家访中一个至关重要的环节。只有抓好访后有关工作，循序渐进，

坚持不懈，才能巩固家访的效果。

5. 坚持访后总结原则，及时总结家访情况

教师在家访后应养成撰写家访手记的习惯，根据家访情况总结、反思、反馈、调整教育教学策略，这对教师的专业化发展和保证家校协同教育的系统性具有很重要的意义。

下面是一位青年教师的一则比较完整的家访手记。[①]

还在大学求学的时候，我就常常发现身边有这样的现象：祖国未来的接班人大呼不被理解，而含辛茹苦的家长和教师感叹越来越不理解现在孩子们满脑子的"怪念头"。他们分歧越来越多，矛盾越来越深，最后导致孩子得不到正确的指引而向不良的方向发展，甚至酿成一个个苦果。这不能不说是一种遗憾。这就把沟通这一问题放在了学生、家长、教师的面前。一次心灵的沟通，能拉近三者的距离。家访正是学生、家长、教师三方心灵沟通的桥梁。

作为一个刚进入教师行业的人，我参加了莫城中学"百名教师访千家"活动。太多太多真实故事震撼了我，让我深深明白，"沟通从心开始"不是一句简单的口号，它真切地道出了学生、家长、教师共同的心声，道出了人与人之间相互了解、理解的真谛。

我的第一次家访是在一个初秋的夜晚。我行走在乡间小路，体味着初为人师的喜悦和即将与家长见面的激动，一种神圣的感觉油然而生，同时觉得肩上的担子沉甸甸的。而学生与家长们，也早已在自家门口张望了一遍又一遍，虽然都是初次见面，可那神情明明是在等待一位久未谋面的亲人！遇到邻居好奇的眼光，还挺自豪地嚷上一句："咱孩子老师要来！"好像是件特美的事儿。

没见面之前，我还挺担心没话可说。可真正与家长见了面，他们向你诉说的神情就像你是孩子的亲戚或是朋友，没有顾虑，只有真诚，没有怀疑，只有信任。和家长沟通，丰富和改变了学生留给我的印象。在

---

① 本案例由江苏省常熟市莫城中学提供，摘编自学校自编的《家访手记》。

鲜活的生活中，学生的成长、个性、特点被完整地表现出来。每一名学生都有一个成长故事，都有自己的闪光点。有的学生可能暂时成绩不太理想，但他正在努力追赶，小步向前迈进着；有的学生在课堂上可能沉默寡言，但他能做一手漂亮的手工活；有的学生可能表面上调皮捣蛋，但他有一颗为他人着想的善良之心……

（五）成立家长学校

家长学校是宣传普及家庭教育知识和方法、组织开展形式多样的协同教育活动、提升家长教育素养的重要方式。家长学校可以由学校独立组织，也可以由同一学区的几所学校共同组织，或者由地方教育行政部门统一组织。

因为参与对象的多样性和复杂性，家长学校运行中最容易出现主体责任不强、组织过于松散等问题。因此，要保证家长学校高质量运行，需要在共同协商、各方认可的基础上，形成清晰的组织架构，建立完善的组织制度，开发、确定明确的课程，并对家长学校的整体运行和活动实施过程进行必要的设计，推动家长学校工作规范化、制度化、科学化发展。家长学校的课程应从家教理念、沟通技巧、情绪管理、自我成长、家庭建设、生涯规划等方面对家长进行全方位专题指导，依托各类新媒体平台，积极打造空中课堂、移动课堂，采取网上办学、专题讲座、经验交流、工作坊活动、优秀家长课程等多种形式开展教学活动，为家长提供精准、优质的服务。

（六）区域整体推进协同教育

学生的全方位发展需要整个社会的力量。在这些力量中，家庭与学校当然是最重要的单元和主体，但我们需要为学生的成长营造一个更大的社会生态圈。也就是说，家校协同需要得到整个社会环境、社区力量的支持。协同教育的实质是一个社会动员过程。在这个过程中，如果地方教育行政部门能够对协同教育进行整体统筹、规划和安排，将会大大减轻学校开发、实施家校社协同教育的压力，最大限度地调动社区各类资源的力量，提高地方政府各部门的协同水平，从而整体提升协同教育效果。

以下案例为我们描述的正是区域整体推进家校社协同教育的生动局面。[①]

　　从幼儿园到小学、到高中，全市各级各类学校都在进行各具特色的探索和实践。他们向社会开放学校教育资源，组织社区大讲堂，设立家长服务站，引导家庭教育科学化；他们关注弱势群体，关注留守儿童，建立关爱服务体系，携手家长一路同行，调动一切资源，进行各方联动，形成有效的关爱服务机制；他们把家庭教育实验基地作为大课题进行研究，学校进行小课题研究，科研路上，校校皆精彩；他们利用互联网拓宽教育指导的服务平台，线上线下相结合，构建全方位的家校社教育交流平台。其中，"家长进学校"活动尤其值得称道：实行"家长驻校制"，让家长走进学校，挖掘家长教育资源，由家长来当老师，联手形成强大的教育共同体。不仅引领家长自我学习、主动学习，使家庭教育从经验走向科学，而且实现了更高层次、更高水平的家校合育。

　　各学校不仅认为学校有责任、有义务引导家庭教育，做现代家庭教育的号召者、引领者和推进者，而且还主动承担起教育的社会责任，将学校建成当地的文化中心，发挥辐射作用，深化文化内涵，通过学校教育影响家庭、影响社会，继而提升全民的整体素质。

[①] 单志艳.学校、家庭、社会协同教育：打造"家校合育"的平度模式［J］.现代教育，2017（6）：1.（引用时有删改）

后　记

为了转变育人方式、提升育人质量，新课程改革应始终重视教学改革。《义务教育课程方案（2022 年版）》和新的课程标准提出了核心素养的培养目标，为教学改革指引了方向。但是，如何在具体的教学实践中落实？教学改革具体应如何实施？

以什么样的形式组织教学，是对教学过程进行设计时首先要解决的问题。因此，从直观的意义上说，教学改革首先呈现为教学组织形式的变化。或者说，所谓教学改革，就是要改变传统的、过于单一的班集体教学形式。基于这样的实践，我们组织编写了这本《教学组织的设计与实施》。

本书不是要对教学组织进行基础理论的探讨，而是选择当下教师普遍关注的教学组织形式，对它们进行基本的分析，在此基础上结合实例，在策略与技术上对教师进行初步的实践指导。因为在定位上有这样的考量，我们没有按照严格而统一的逻辑线索对教学组织形式进行类型划分。同时，在教学实践中各种类型的教学组织形式是基于不同维度设计和实施的，它们彼此之间并不是完全独立、边界清晰的。因此，全书不同章节内容之间难免存在交叉，这一点希望读者理解。

本书的编写历时两年多，作者团队由一线教科研人员和优秀教师组成。应该说，每一位作者在他们所撰写的内容方面，都有较好的研究基础和实践积累。各部分内容的具体撰写者分别是：第一讲、第三讲，董洪亮；第二讲，张伟俊；第四讲，朱阿娜；第五讲，徐燕萍；第六讲，董洪亮、王家跃；第七讲，吴文娟；第八讲，朱亮、喻小琴；第九讲，赵莉。本书主编负责统稿，并进行了多轮次的修改。

在此，要特别感谢教育科学出版社的编辑老师，他们严谨、专业、犀利，又充满热情，大到整体结构、主体内容的修改意见，小到行文逻辑、脚注文献的精心打磨，本书的诞生，离不开他们倾注的心血。编辑老师的工作更让我们看到，中国基础教育课程教学改革的推进，已经呈现出一个一体化的过程，得到了多方面力量的支持。

由于作者研究和实践水平不足，本书还存在疏漏和欠缺之处。但我们仍然真诚地希望能与老师们一起，从教学的组织形式开始，改变中小学课堂教学的基本形态。

编者

2024 年 7 月